D1919310

Es ist nicht viel, was man mir nahm:
Ein kleines Haus am Dorfesrand,
ein Feld, auf dem das Korn noch stand,
als jene Stunde kam.

Es ist nicht viel, was drüben blieb:
Ein Blumengarten an dem Bach,
ein Pflug, der meine Scholle brach,
von der man mich vertrieb.

Es ist nicht viel, was dort zerfällt:
Ein kleines Haus am Dorfesrand,
ein Feld, auf dem das Korn noch stand,
und eine ganze Welt!

(Verfasser unbekannt)

Harald Saul

Alte Familienrezepte aus dem Sudetenland

Bassermann

Titelabbildung: Böhmen um 1900: Karlsbad/Karlovy Vary: Marktbrunnen

ISBN: 978-3-8094-3355-2

1.Auflage
© 2015 by Bassermann Verlag, einem Unternehmen der Verlagsgruppe Random House GmbH, 81673 München
© der Originalausgabe 2013 by Buchverlag für die Frau GmbH, Leipzig; Originaltitel: Noch mehr Familienrezepte aus dem Sudetenland

Die Verwertung der Texte und Bilder, auch auszugsweise, ist ohne Zustimmung des Verlags urheberrechtswidrig und strafbar. Dies gilt auch für die Verarbeitung mit elektronischen Systemen.

Umschlaggestaltung: Atelier Versen, Bad Aibling
Umschlagfoto: ullstein bild - histopics
Gesamtgestaltung: Michael Puschendorf, Halle
Bildnachweise: Seite 126
Redaktion dieser Ausgabe: Birte Schrader
Herstellung dieser Ausgabe: Reinhard Soll

Die Ratschläge in diesem Buch sind von den Autoren und vom Verlag sorgfältig erwogen und geprüft, dennoch kann eine Garantie nicht übernommen werden. Eine Haftung der Autoren bzw. des Verlags und seiner Beauftragten für Personen-, Sach- und Vermögensschäden ist ausgeschlossen.

Druck und Bindung: Tesinska tiskarna a.s., Cesky Tesin

Printed in the Czech Republic

FSC www.fsc.org MIX Papier aus verantwortungsvollen Quellen FSC® C005833

Verlagsgruppe Random House FSC® N001967
Gedruckt auf dem FSC®-zertifizierten Papier *Profimatt*

Inhalt

Vorwort ... 6

Das Sudetenland ... 8

Hotelkoch Richard Baierlein aus Karlsbad ... 10

Der Heimatdichter (und Rezeptsammler) Reinhold Illing aus Kupferberg ... 15

Herta Morgner erzählt über ihre Kindheit und Jugend in Pistian/Elbe ... 25

Hausrezepte von Anna Burggraf aus Herrnskretschen ... 42

Kunstwerke aus Zucker – Frieda Aehles Erinnerungen an Reichenberg ... 52

Hausküche von Familie Görlach aus Gablonz an der Neisse ... 58

Alois Zepnick aus Spindlermühle und das Familienkochbuch ... 64

Margarete Schäfer erinnert an die „Patzelt-Schmiede“ in Mohren ... 70

Der Gasthof Heider in Petersdorf an der Bischofskoppe ... 77

So schmeckte es bei Familie Neugebauer in Nieder-Lindewiese ... 86

Spezialitäten von Luise Heinisch
aus dem „Hotel 3 Rosen“ in Mährisch Schönberg ... 95

Süßes von Anna Wala aus Stangendorf (Kreis Zwittau im Schönhengstgau) ... 105

Das Kochbuch der Familie Wagner aus Iglau ... 112

Vegetarisches mit Hafer von Gustav Rudolph aus Prag ... 118

Rezeptverzeichnis ... 123

Leihgeber der Fotos,
Ansichtskarten und Dokumente ... 126

Vorwort

Liebe Leserin, lieber Leser,

jedes Mal, wenn ich mit dem Schreiben eines Buches beginne, erinnere ich mich wehmütig an die Menschen, die mir uneigennützig geholfen und wertvolle Dokumente wie Familienfotos, historische Postkarten oder handgeschriebene Familienkochbücher vertrauensvoll in die Hände gegeben haben. Oft sind es unter Mühen gerettete, einmalige Andenken an eine glückliche, unbeschwerte Zeit im Kreise der Familie.

Dies ist bereits meine zweite Erinnerungsreise in das Sudetenland. Manches Material lag schon seit dem Erscheinen des ersten Buches zu diesem Thema in meinem Archiv. Viele Leser dieses Buches haben mir ihre eigenen Erinnerungen und Lebensgeschichten geschrieben oder die der Eltern, Großeltern, von geliebten Verwandten oder Freunden. Damit ist der Wunsch verbunden, dass auch ihre Schicksale aufgeschrieben und dadurch bewahrt werden. Ebenso wie die kulinarischen Vorlieben und Küchentraditionen der Sudetendeutschen.

Ich erinnere mich beim Schreiben aber auch dankbar an jene Menschen, die ich in ganz Deutschland kennen lernen durfte. In Kaufbeuren, in Bayreuth, aber auch in der nahen Umgebung habe ich aufgeschlossene achtbare Menschen getroffen, die zur Entstehung des vorliegenden Bandes uneigennützig beigetragen haben und bei den Recherchen zu diesem Buch habe ich wieder Neues erfahren über die Geschichte des Sudetenlandes.

Etwa ab dem 13. Jahrhundert herrschten über das Land Böhmen deutsche Könige oder Kaiser und in den Ländern der böhmischen Krone lebten und arbeiteten Jahrhunderte lang Tschechen und Deutsche. Die Deutschen bevölkerten hauptsächlich die Randgebiete von Böhmen und Mähren. Darüber hinaus Mährisch-Schlesien und die sogenannten Sprachinseln, z.B. Iglau, Konitz, Brünn, Olmütz, den Schönhengstgau und das Wischauer Land.

Der Name „Sudetenland" für dieses deutsch besiedelte Gebiet kam erst um 1918 auf und rührt von dem Gebirgszug „Sudeten" her, der sich auf einer Länge von rund 300 km zwischen dem Zittauer Becken (Lausitzer Gebirge) im Westen bis zur Mährischen Pforte im Osten ausdehnt.

Bis 1918 hatten Deutsche und Tschechen überwiegend friedlich zusammengelebt und gearbeitet. Doch nach dem Ende des Ersten Weltkrieges und dem Zusammenbruch der Österreichisch-Ungarischen Monarchie wurde das deutsche Siedlungsgebiet der neu gegründeten

Tschechoslowakei zuerkannt – gegen den ausdrücklichen Willen der ca. 3,5 Millionen hier lebenden Sudetendeutschen und entgegen dem Selbstbestimmungsrecht der Völker.

Noch mehr Nahrung bekam der nun schwelende Streit durch das Münchner Abkommen 1938, als das Sudetenland zum Reichsgau erklärt und damit ins Deutsche Reich „heimgeholt" wurde. Alle Gräueltaten Hitlers und seiner Anhänger wurden auch den Sudetendeutschen zur Last gelegt. Dafür war der Tschechoslowakei, konkret dem damaligen Staatspräsidenten Beneš, keine Strafe zu hoch.

Als der Zweite Weltkrieg endlich vorbei war, begann für die Sudetendeutschen eine schreckliche Zeit der Entbehrungen, körperlicher und seelischer Qualen. Ab Mai 1945 bis 1946 wurden über 3 Millionen Sudetendeutsche aus ihrer Heimat vertrieben. Oft innerhalb weniger Minuten mussten sie ihr Haus, ihre Wohnung verlassen und durften nur das Nötigste mitnehmen. Für den Verlust von Hab und Gut gab es bis heute keine Entschädigung. Doch viel schwerer wiegt noch immer der Verlust von Familie, Freunden, Verwandten – der Verlust der Heimat, des bisherigen Lebens.

Vertriebene bleiben ihr Leben lang seelisch gezeichnet, auch wenn viele eine neue Heimat fanden, wo sie sich eine Existenz aufbauen konnten. Sie geben ihren Kindern und Enkeln das Heimatgefühl nach und nach zurück. Immer mehr Sudetendeutsche sind jetzt bereit, über ihre ehemalige Heimat zu berichten. Denn wer, wenn nicht sie, kann über das Sudetenland Authentisches erzählen? Wer sonst kennt noch die einst deutschen Namen von Flüssen, Bergen, Städten und Dörfern? Wer weiß, dass sich hinter Mariánské Lázně der Kurort Marienbad von Goethes „Marienbader Elegie" verbirgt? Dass Lipová-Lázně der Lieblingskurort Nieder-Lindewiese von Hans Albers war und von hier auch die noch heute im Heilbad Oberstaufen angewandte Schroth-Kur stammt? Oder dass in Mährisch Schönberg der berühmte Manchester-Cord seinen Ursprung hat?

Viele der einst deutschen Namen, der ortsansässigen Firmen oder beliebten Gaststätten sind bereits vergessen so wie der Gasthof von Wilhelm Heider an der Bischofskoppe, das „Hotel 3 Rosen" der Familie Heinisch aus Mährisch Schönberg oder auch der Heimatdichter Reinhold Illing aus dem böhmischen Erzgebirge.

Begleiten Sie mich zu einer weiteren Erinnerungsreise in ein Land, das es nicht mehr gibt, das nur noch in den Köpfen und vor allem in den Herzen seiner einstigen Bewohner existiert, aber dort für immer unvergessen bleiben wird.

Harald Saul

Das Sudetenland

N
W
O
S
Spindlermühle
Schneekoppe
Mohren
Riesengebirge
Petersdorf
Nieder-Lindewiese
Mährisch Schönberg
Jägerndorf
Stangendorf
Zwittau
Mähren
March
Slowakei

Richard Baierlein mit seinem Neffen Anton Muschtog 1938 in Karlsbad

Hotelkoch Richard Baierlein aus Karlsbad

Mit einem Freund besuchte ich im Februar 2010 Familie Gromek in Karlsbad (Karlovy Vary). Wir wurden mit echten sudetendeutschen Speisen empfangen, die Frau Gromek nach Rezepten aus dem alten handgeschriebenen Kochbuch des verstorbenen Großvaters (mütterlicherseits) gekocht hatte.

Richard Baierlein war ein weitgereister, sehr guter Koch und Küchenmeister und prägte so auch die Gastronomie in und um Karlsbad mit. Nach dem Abschluss der Volksschule ging der 1905 geborene Dresdner nach München zu Küchenmeister Alfred Badenhop ins Regina-Palast-Hotel in die Lehre. 1926 bis 1928 arbeitete er als Jungkoch beim Küchenmeister Otto Zellinger im Südbahnhotel in Semmering bei Wien. Danach etablierte Richard Baierlein sich als Kundenberater und Handelsvertreter bei G. Robert Kunde, Messerfabrik Dresden in der Wallstraße. 1932 heiratete er Jutta Walter, eine Karlsbader Damenmaßschneiderin, und zog mit ihr nach Karlsbad. Hier bekam er 1933 eine Arbeit als Gardemanger (Koch der Kalten Küche) im Grandhotel Pupp. Er war offenbar so begabt, dass man ihn in regelmäßiger Reihenfolge in allen größeren Hotels im Bäderdreieck Karlsbad – Franzensbad – Marienbad einsetzte.

1942 musste Richard Baierlein als Feldkoch in den Zweiten Weltkrieg ziehen und kehrte erst 1947 aus der russischen Gefangenschaft heim. In Dresden ist er 1948 an den Folgen einer Lungenentzündung gestorben.

Seiner Tochter Ruth (geb. 1935) hat er sein handgeschriebenes Kochbuch hinterlassen. Sohn Wolfgang (geb. 1940) ist wie der Vater Koch geworden und arbeitet heute in einem Seniorenheim im Erzgebirge. Die beiden Töchter von Ruth haben ein kleines Kurhotel in Karlsbad, im dazugehörigen Restaurant stehen original sudetendeutsche Speisen auf der Karte.

Karlsbader Apfelstrudel

Teig: 400 g Mehl • 250 g Butter • 50 g Zucker • 2 Eier
5 EL Milch • 2 EL Weinbrand
Füllung: 2 kg Äpfel • 75 g Semmelbrösel • 150 g Zucker • 2 TL Zimt
50 g Rosinen oder Korinthen • 50 g Mandelstifte • 60 g flüssige Butter

☛ Das Mehl in eine große Schüssel sieben, eine Mulde eindrücken und alle Zutaten für den Teig hineingeben. Alles miteinander verkneten (mit bemehlten Händen), bis der Teig seidig-glatt und leicht glänzend ist – das dauert mindestens 10 Minuten. Den Teig zu einer Kugel formen und 2 Stunden kaltstellen. Ein Küchentuch mit Mehl bestäuben und den Teig mit einem Nudelholz möglichst dünn ausziehen (man sollte sozusagen die Zeitung durch den Teig lesen können).

Die Äpfel schälen, Kernhaus entfernen und eine Weile in Essig- oder Zitronenwasser legen. Gut abtropfen lassen.

Den ausgezogenen Strudelteig mit Butter bestreichen, Semmelbrösel und dann die grob geriebenen Äpfel, Rosinen und Mandeln darauf verteilen (Ränder freilassen!). Mit Zucker und Zimt bestreuen. Durch vorsichtiges Anheben des Küchentuches den Teig zusammenrollen. Den Strudel auf ein mit Backpapier belegtes Blech legen und im vorgeheizten Backofen bei 180 °C 50 bis 60 Minuten backen. Während des Backens den Strudel öfter mit geschmolzener Butter bestreichen.

Karlsbader Liwanzen

20 g Kristallzucker • 1 Prise Salz
180 ml lauwarme Milch • 130 g gesiebtes Mehl • 2 Eier, getrennt
Mark von ½ Vanilleschote
abgeriebene Schale von ½ unbehandelter Zitrone
20 g zerlassene Butter • 100 g Butterschmalz
100 g Pflaumenmus
100 g Kristallzucker zum Karamellisieren
Staubzucker zum Bestreuen

☛ Zucker und Salz in der lauwarmen Milch auflösen. Das gesiebte Mehl in der Milch glatt rühren und dann Eigelb, Vanillemark, Zitronenschale und geschmolzene Butter zugeben. Zugedeckt bei Raumtemperatur 1 Stunde gehen lassen. Eiklar steif schlagen und unterziehen.

In einer Liwanzenpfanne das Butterschmalz erhitzen und die Teigmasse in die Vertiefungen füllen. (Steht keine Liwanzenpfanne zur Verfügung, so behilft man sich mit Metallringen von etwa 6 cm Ø, die man in eine beschichtete Pfanne setzt.) Pfanne etwas rütteln, damit sich die Masse gut verteilt. Liwanzen etwa 5 Minuten ziehen lassen, wenden und ausbacken.

Herausheben, je eine Liwanze mit Pflaumenmus bestreichen und mit einer unbestrichenen zusammensetzen. Zucker in einer Pfanne erhitzen, karamellisieren lassen und dünn über die Liwanzen träufeln. Mit Staubzucker bestreuen.

Karlsbader Hörnchen

400 g Mehl • 250 g Butter • 1 Ei • 150 g Puderzucker
Mark von ½ Vanilleschote • Salz

☛ Mehl sieben, Butter in kleine Stücke schneiden und unter das Mehl mengen. Ei, Puderzucker und Vanillemark zugeben und rasch einen Teig kneten. Im Kühlschrank ca. 30 Minuten kalt stellen. Dann den Teig in gleichmäßige Würfel schneiden und zu Hörnchen formen. Auf Backpapier legen und im vorgeheizten Ofen bei 160 °C 10 Minuten goldgelb backen.

Karlsbad, Höhengaststätte „Freundschaftshöhe“

Karlsbader Buchtelkuchen

1 Würfel Hefe • 250 ml Milch • 70 g Zucker • 500 g Mehl
160 g Butter • 3 Eigelb • ¼ TL Salz • abgeriebene Schale von 1 Zitrone
4 EL Pflaumenmus • Puderzucker • zerlassene Butter

☛ Zunächst das Hefestück ansetzen. Dafür die zerbröckelte Hefe mit etwas Milch glatt rühren, etwas Zucker dazugeben und 10 bis 15 Minuten am warmen Ort gehen lassen.

Das Mehl in eine große Schüssel geben, mit der restlichen Milch, dem restlichen Zucker, Butter, Salz, Eigelb und dem Hefestück zu einem schönen Teig kneten, warm stellen und ca. 15 Minuten gehen lassen.

Eine Kranzform gut ausfetten, aus dem Teig 10 bis 12 Stücke abreißen, einen Klecks Pflaumenmus in die Mitte jedes Teigstückes setzen und den Teig darum zusammendrücken. Die Teigkugeln in flüssiger Butter drehen und nebeneinander in die Kranzform setzen. Noch einmal 15 Minuten gehen lassen.

Im vorgeheizten Backofen 35 bis 40 Minuten bei 170 °C backen. Erkaltet mit Puderzucker bestreuen oder mit Zitronenglasur überziehen.

Karlsbad, Blick zum Hotel Imperial

Karlsbader Gugelhupf

500 g gesiebtes glattes Weizenmehl • 1 Würfel Hefe • 2 Prisen Salz
70 g Zucker • 1 Pck. Vanillin-Zucker • 3 EL Rum
1 TL abgeriebene Zitronenschale • 1 Ei • 5 Eigelb • 100 g zerlassene Butter
1/4 l lauwarme Milch • 250 g Rosinen • 50 g geriebene Mandeln

☛ Das Mehl mit der Hefe gut vermischen. Die übrigen Zutaten der Reihe nach dazugeben und mit dem Handmixer (Knethaken) zu einem Teig verkneten. Zugedeckt an einem warmen Ort so lange gehen lassen, bis er doppelt so hoch ist.

Den Teig nochmals gut durchkneten, Rosinen und Mandeln unterkneten. Den Teig in eine gut gefettete, mit Mehl oder geriebenen Nüssen ausgestreute Gugelhupfform füllen.

Zugedeckt an einem warmen Ort ca. 35 Minuten gehen lassen. Die Form in die untere Hälfte des vorgeheizten Backofens schieben. Bei 180 °C ca. 45 Minuten backen. Den Gugelhupf nach dem Backen sofort stürzen und ausgekühlt mit Vanillezucker bestreuen.

Reinhold Illing (hintere Reihe, 3. v.l.)
auf der Goldenen Hochzeit seines Bruders Franz

Der Heimatdichter (und Rezeptsammler) Reinhold Illing aus Kupferberg

Reinhold Illing – dieser Name ist kaum ein Begriff im sächsischen Teil des Erzgebirges. Aber im böhmischen Erzgebirge wurde (und wird) er neben Anton Günther (Mundartdichter aus Gottesgab) sehr verehrt. Der Name Reinhold Illing steht für Gesang und Fröhlichkeit. Neben Liedern, Gedichten und Schnurren in erzgebirgischer Mundart schuf der Heimatdichter und Komponist Märsche, Walzer und Messen für die katholische Kirche.

Reinhold Illing wurde am 16.4.1884 in Kupferberg im böhmischen Erzgebirge (heute Měděnec/CZ) geboren, das bis 1918 zu Österreich-Ungarn, bis 1938 zur Tschechoslowakei und bis 1945 zum Deutschen Reich, Reichsgau Sudetenland, gehörte.

Illing erlernte bei seinem Vater Franz Illing das Posamentier-Handwerk. In der Familie wurde viel gesungen und musiziert. Als Illing 1903 mit einer Preßnitzer Musikkapelle, der auch seine zwei Schwestern angehörten, in die Welt zog, ging sein lange gehegter Traum in Erfüllung: Er bereiste Griechenland, wo er u.a. Athen, Piräus, Saloniki und Kreta besuchte. In Griechenland entstanden seine ersten Heimatlieder, und von dort sandte er mehrere Berichte und Gedichte an die „Neue Weiperter Zeitung“, die von der Leserschaft voll Interesse aufgenommen wurden. Von 1908 bis 1909 war Illing noch einmal in Griechenland.

1912 heiratete er die Volkssängerin Adelheid Bartl. Aus dieser Ehe gingen fünf Kinder hervor. Er wurde Musikführer der Feuerwehrkapelle, Chormeister des Theatervereins „Thalia“, Leiter eines gemischten Sängerchores und 1931 Chorregent. Seine Lieder verbreiteten sich nun mit zunehmendem Erfolg.

Wie es jedoch oft ist mit musikalischer Betätigung – sie erfreut Herz und Seele, aber satt wird man davon nicht, erst recht keine siebenköpfige Familie. Also musste Reinhold Illing sich einen festen Broterwerb suchen – und was lag in dem Fall näher als das gelernte Posamentieren.

Die Vertreibung aus der Heimat nach Ende des Zweiten Weltkrieges traf Reinhold Illing schwer: Die Familie musste am 7. Juni 1945 binnen zwei Stunden Kupferberg verlassen. In der Eile blieben sämtliche Papiere und Aufzeichnungen zurück, es ging um das nackte Überleben. 800 Menschen gehörten zu dem Treck, der über Böhmisch Hammer nach Sachsen zog. Nach Wochen der Entbehrung, des Herumirrens und der Hoffnungslosigkeit kam ein Teil der Vertriebenen nach Altenburg in Thüringen. Dort teilte man den körperlich geschwächten, schon kurz vorm Rentenalter stehenden Illing zu schwerer körperlicher Arbeit ein. Das war die einzige Chance Lebensmittelkarten zu erhalten und zu überleben. Ein komplizierter Fußbruch beendete 1946 abrupt die Quälerei.

Reinhold Illing begann nun seine Gedichte, Schnurren und Liedtexte zu rekonstruieren. Er schrieb sie mit verschiedenfarbiger Tinte in alter deutscher Handschrift auf Papiertüten, Millimeter- oder Altpapier und nähte die Seiten buchähnlich in Einbände aus altem Pappkarton. Die erste Seite gestaltete er mit einem selbst gemalten Bild. Jede Seite bekam eine Zahl und am Anfang eines solchen Büchleins befand sich ein genaues Inhaltsverzeichnis. Auf der Innenseite stand immer eine persönliche Widmung. Meist überraschte er in der Adventszeit ihm nahe stehende Menschen mit solch einem einzigartigen Geschenk.

Nach dem Tod seiner Frau zog Illing zu den Kindern nach Merkstein bei Aachen, wo er am 18.10.1971 verstarb.

So wie er andern eine Freude mit seinen Lieder- und Geschichtenbüchlein machte, so erfreute er sich selbst an Rezepten der sudetendeutschen Küche. Reinhold Illing aß sehr gern Pilze, und wenn er irgendwo im Sudetenland ein gutes Pilzgericht gegessen hatte, schrieb er das Rezept sehr sorgfältig in ein kleines Buch, die nachfolgenden Rezepte stammen daraus.

Die Familie Franz Illing

Hintere Reihe v.l.: Amalia Maria Illing geb. 23.4.1907 in Kupferberg/Kreis Preßnitz (Posamentenherstellerin, speziell Gablonzer Perlen-Taschen), gest. 12.8.1945 in Annaberg/Erzg. nach der Vertreibung aus dem Sudetenland; Reinhold Illing geb. 9.4.1912 in Kupferberg/Kr. Preßnitz (selbstständig im Fahrrad- und Radiohandel), gest. 29.9.2002 in Aschersleben /Sachsen-Anhalt; Richard Illing geb. 1914 in Kupferberg/Kr. Preßnitz, gefallen 1944 in Rowno/Ukraine; Anna Schmidt-Illing geb. 14.7.1909 in Kupferberg/ Kr.Preßnitz (Posamentiererin), gest. 30.10.2004 in Aschersleben/Sachsen-Anhalt

Vordere Reihe v.l.: Franz Illing (Bruder von Reinhold Illing) geb. 21.9.1878 in Kupferberg/ Kr.Preßnitz (Posamentierer/Weber), gest. 26.7.1962 in Aschersleben/Sachsen-Anhalt; Maria Stengel, (geb. Illing) geb. 26.12.1922 in Kupferberg/Kr.Preßnitz (Posamentiererin), gest. 24.2.2011 in Spalt bei Nürnberg; Aloisia (Lisa) Bergner, (geb. Illing) geb. 24.9.1919 in Kupferberg/ Kr.Preßnitz (Posamentiererin) gest. 27.8.1987 in Blankenburg/Harz; Josefine Purkart (geb. Illing) geb. 25.4.1916 in Kupferberg/Kr. Preßnitz (Posamentiererin/Weberin) gest. 14.5.1987 in Auma/ Thür.; Marie Illing (geb. Eberle, Schwägerin von Reinhold Illing) geb. 1.5.1880 in Kupferberg (Sängerin musizierte längere Zeit mit einer Mädchenband in Griechenland , gest. 18.11.1958 in Aschersleben/Sachsen-Anhalt

Schwomma-Lied.

1. Gald! Es gibt doch schön_ra Frei_d'n of_ da_ra gru_ß'n Walt:
2. hro, d'r wei_la schneid ich fle_ßich da schön_st'n Schwomma oh:
3. stih_ doch sell mir a_ner kom ma! Ich geb fei kan_na hie:
4. woll'n, do koh mr nischt meh kön_na, weil die da schön_st'n hol'n:
1.-4. Git_
8····:
Im Walzertakt.
Kehrreim.
naus im Wold, holt Schwom_ma rei, ebs Stah_pilz o_der Deib_ling sei._ Ihr
p
mf
rit.
a tempo
müßt när fest of da Ton_g'ln sah, im Must rim schurn un' in da Stah. Un'
f
rit.
war do racht vill fin_d'n tut, dar labt im Win_ter gut.___
f
rit.

Marktplatz mit Kirche in Kupferberg

Kupferberger Pilzeintopf

1 kg frische Pilze • 50 g Fett zum Braten (am besten Schweineschmalz)
150 g fetter Speck, in Würfel geschnitten
1 große Zwiebel • 100 g Gewürzgurke • Salz • Pfeffer aus der Mühle
½ TL Thymian, getrocknet • 1 TL Kümmelpulver • 1 EL Mehl
1 l Fleisch- oder Gemüsebrühe • 500 g Kartoffeln • 1 EL Zucker • 1 EL Essig
1 Bund Petersilie

☛ Die Pilze sorgfältig putzen, wenn nötig kurz waschen und klein schneiden. In einem passenden Topf das Bratfett erhitzen. Die Speckwürfel, die klein geschnittene Zwiebel und Gewürzgurke dazugeben und kurz anschwitzen. Die Pilze zufügen, gut vermengen und mehrfach umrühren, bis sie im eigenen Saft stehen. Jetzt mit Salz, Pfeffer, Thymian und Kümmel würzen. Mit Mehl überstäuben, die Brühe auffüllen, gut durchrühren und aufkochen. Dann 30 Minuten köcheln lassen und die klein geschnittenen Kartoffeln dazugeben. Wiederum aufkochen und weitere ca. 30 Minuten leicht vor sich hin kochen lassen, bis die Kartoffeln weich sind.

Mit Zucker und Essig nach eigenem Geschmack süß-sauer (mehr säuerlich, „saure" Schwamme!) abschmecken, ggf. mit Salz und Pfeffer nachwürzen. Die klein gehackte Petersilie zufügen.

Bratschwammerl – Kupferberg um 1930

500 g frische Eierschwammerl (Pfifferlinge) • 1 kleine Zwiebel
2 EL Butter • 2 Eier • Salz • Pfeffer
Schnittlauch oder Petersilie (frisch, zum Garnieren)

☛ Pfifferlinge sorgfältig putzen. Die Zwiebel fein hacken und in der Butter goldgelb anrösten, die Eierschwammerl blättrig schneiden und mitrösten. Die Eier verquirlen, über die Schwammerl gießen und rühren, bis die Eier gestockt sind. Mit etwas Salz und Pfeffer würzen. Vor dem Servieren mit frisch geschnittener Petersilie garnieren. Schmeckt hervorragend mit grünem Salat und einer getoasteten, gebutterten Scheibe Vollkornbrot!

Gebratene Schwamme nach Kupferberger Art

1 kg frische Mischpilze • 50 g Speck • Bratfett • 1 Zwiebel
½ TL Salz • Pfeffer • Kümmel

☛ Die Pilze putzen und in feine Scheiben schneiden, dann vorsichtig waschen und trockentupfen. Den Speck würfeln und in einer Pfanne mit Bratfett anbraten. Die Zwiebel vierteln und zusammen mit den Pilzen in die Pfanne geben. Salzen und die Pilze bei mäßiger Hitze solange braten, bis die Flüssigkeit verdampft ist und sie beginnen „anzulegen", d.h. zu bräunen. Das dauert ca. 45 Minuten. Dann mit Pfeffer und Kümmel würzen und die Zwiebel vor dem Servieren wieder herausnehmen.

Pilzragout auf Böhmische Art

500 g gemischte Pilze • 1 Bund Schnittlauch • 4 EL Olivenöl
Salz • Pfeffer • Zitronensaft • 150 g geschlagene Sahne

☛ Pilze putzen und in grobe Stücke schneiden. Schnittlauch in feine Röllchen schneiden. Öl in einer großen Pfanne erhitzen. Pilze zugeben und so lange braten, bis sie hellbraun sind und die Feuchtigkeit verdampft ist. Mit Salz, Pfeffer und etwas Zitronensaft würzen. Schlagsahne und Schnittlauch untermischen.

Kupferberg mit Kupferhübel

Kupferberger Schwamme-Zwiebel-Leberpfanne

400 g Geflügelleber (damals oft von Huhn oder Ente)
500 g Zwiebeln • 1–1,5 kg frische Waldpilze • 2 EL Schweineschmalz

☛ Waldpilze putzen und waschen, bei Verwendung von Dosenpilzen die Pilze aus der Dose in ein Sieb geben und abtropfen lassen. Aufgefangenes Pilzwasser teilweise zum Braten der Pilze mit verwenden. Leber waschen, trockentupfen, in Mehl wälzen, braten und danach in Streifen schneiden. Zwiebeln schälen, waschen, in Scheiben schneiden und in einer Pfanne goldbraun braten. Nun die Pilze, die Leber und die Zwiebel in eine große Pfanne geben, gut miteinander verrühren und sofort heiß auf den Tisch bringen. Dazu schmeckt Kartoffelbrei oder Schwarzbrot.
Tipp: Leber erst zum Schluss salzen und würzen, sonst wird sie hart!

Schnelles Kupferberger Pilzgericht

1 kg frische, geputzte Waldpilze • 3 Zwiebeln • Salz • Pfeffer
100 g Margarine • 50 g Butter • Petersilie

☛ Die Waldpilze gut säubern und in kleine Stücke schneiden (wenn möglich nicht waschen). Die Zwiebeln in Würfel schneiden. Die Pilze in einer breiten Pfanne mit der Margarine braten. Es tritt viel Flüssigkeit aus den Pilzen aus. Wenn die Flüssigkeit komplett verdampft ist, evtl. noch ein wenig Margarine und die Zwiebelwürfel zugeben und so lange braten, bis die Pilze ein klein wenig gebräunt sind. Mit Pfeffer und Salz nach Geschmack würzen. Wer mag, kann noch mit etwas Butter verfeinern. Mit gehackter Petersilie garnieren.

Pilzragout mit Semmelknödeln und Rote-Beete-Gemüse

250 g altbackenes Weißbrot oder altbackene Brötchen • 200 ml Milch
2 Zwiebeln • 500 g gemischte Pilze (z.B. Pfifferlinge, Kräutersaitlinge, Austernpilze, Champignons) • 1 Bund Petersilie • 2 Eier
1 Knoblauchzehe • 1 Becher Sahne • 1 Rote Beete, vorgekocht
Butter • Salz • Pfeffer • Muskatnuss • getrockneter Majoran

☛ Für die Semmelknödel das altbackene Brot mit einem (Säge-)Messer in Würfel von 1 cm Seitenlänge schneiden. Alles in eine Schüssel geben, die Milch aufkochen. Die heiße Milch dann tröpfchenweise auf die Brötchen geben, dabei mit einem Löffel immer schön umrühren, damit optimalerweise jeder Würfel etwas Milch abbekommt. Die getränkten Brötchen eine Weile so stehen lassen. Eine kleine Zwiebel schälen und mit 1 EL Butter in einer Pfanne auf mittlerer Hitze glasig anschwitzen. Parallel dazu von einem halben Bund Petersilie die Blätter abzupfen und klein hacken.

Die weichen Zwiebelwürfel mit den Petersilienblättern, zwei Eiern, Salz, Pfeffer und etwas zerriebenem Majoran zu den aufgeweichten Brötchen geben und alles gut mit beiden Händen vermischen. Den Knödelteig mindestens 30 Minuten, besser eine Stunde durchziehen lassen.

In der Zwischenzeit die Pilze putzen, das macht man am besten mit einem kleinen Pilzpinsel oder einem Stück Küchenrolle. Bitte die „Waldbewohner" nicht unter fließendem Wasser abwaschen, denn dann saugen sie sich nur damit voll, und am Ende hat man einen Pilzbrei auf dem Teller. Gegebenenfalls auch unten etwas vom unansehnlichen Strunk abschneiden. Die kleinen Pilze ganz lassen, größere Exemplare halbieren, ganz große längs in ein Zentimeter dicke Scheiben schneiden.

Einen großen Topf Salzwasser aufsetzen und den Knödelteig mit feuchten Händen zu mandarinengroßen Kugeln formen. Oder ein frisch gewaschenes Küchentuch auf der Arbeitsplatte ausbreiten. Die Knödelmasse zu zwei festen Rollen formen und in das Tuch einwickeln. Aber nicht zu fest, der Teig geht noch etwas auf. Das Tuch links und rechts vom Teig mit einer Schnur wie ein Bonbon abbinden. Die Knödel oder die Rollen im Küchentuch im leise simmernden Wasser ca. zwanzig Minuten garziehen lassen.

Die zweite Zwiebel sowie die Knoblauchzehe schälen, fein würfeln und beides mit 1 EL Butter in einer mittelheißen Pfanne glasig anschwitzen. Die letzten Sekunden noch die andere Hälfte der Petersilienblätter dazugeben, dann alles in eine Schüssel geben und beiseite stellen.

Kupferberg, Gasthof Zur Sonne

In der heißen Pfanne dann immer wieder 1 TL Butter schmelzen und nur so viele Pilze darin braten, dass es keine Überlappungen gibt und jeder Pilz seinen eigenen Platz auf dem Pfannenboden hat. Andernfalls ziehen sie Wasser und aus „braten" wird „kochen".

Die beidseitig gebräunten Pilze dann in die Schüssel zu den weichen Zwiebeln geben und so nach und nach alle Pilze anbraten.

Beim letzten Pilzbratgut die Pfanne mit 150 ml Sahne ablöschen und den braunen Bratsatz mit einem Holzlöffel vom Pfannenboden in die Sauce kratzen. Den Schüsselinhalt hineingeben, alles pfeffern und mutig salzen, vielleicht noch mit etwas Instantbrühe oder einigen Spritzern Zitronensaft abschmecken.

Das Pilzragout auf leiser Hitze köcheln lassen. Die Rote Beete in hauchdünne Scheiben schneiden. Wer Zeit und frische Rote Beete hat, kann diese auch 45 bis 60 Minuten in kochendem Salzwasser gar kochen, schälen und mit einer Marinade aus 3 EL Brühe und 1 EL Balsamicoessig mariniert verwenden.

Mittelweile dürfte auch die Knödelmasse komplett durchgegart sein. Aus dem Kochwasser heben, gegebenenfalls die Serviette entfernen und von der Knödelrolle Scheiben von 1 bis 2 cm Stärke abschneiden. Die Knödelscheiben in 1 EL Butter von beiden Seiten in einer Pfanne goldgelb anbraten. Mit den Rote-Beete-Scheiben dazwischen und einem großen Klacks Pilzragout in tiefen Tellern servieren.

Herta Kreische, 1934 und 1943

Herta Morgner erzählt über ihre Kindheit und Jugend in Pistian / Elbe

Meine Familie

Mein Name ist Herta Anna Morgner, geborene Kreische. Seit März 2010 wohne ich in Kaumberg in Niederösterreich. In meiner Nähe wohnen meine Kinder, Sohn Michael und Schwiegertochter Angela, die mich hierher holten. Vorher, ab September 1945, lebte ich 65 Jahre lang in Weida in Thüringen.

Mein Heimatort bis zu meinem 18. Lebensjahr war Pistian a. d. Elbe – Kreis Leitmeritz, Bezirk Aussig. Diese drei Orte liegen direkt an der Elbe im Sudetenland.

Aloisia und Anton Kreische, 1921

Aus der Heimat vertrieben wurde ich am 25. Juli 1945. Mein Gepäck bestand aus nur einer Tasche.

In Pistian wurde ich als Herta Anna Kreische am 30. März 1927 geboren. Im Haus Nr. 28 kamen meine Großmutter, mein Vater und auch ich zur Welt. Ebenso mein Bruder Ernst am 21. Februar 1921. Mit kaum 20 Jahren fiel er am 21. Dezember 1941 auf der Halbinsel Krim bei der Schlacht um Simferopol. Sein Grab befindet sich in Bachtschissaraj.

Mein Vater Anton Kreische, geboren am 4. April 1892 in Pistian, war von Beruf Korbflechter. Er starb am 25. April 1962 in Weida. Meine Mutter hieß Aloisia Emilie Kreische, geborene Petersik, und wurde am 29. April 1897 in Malitschen als Gastwirtstochter geboren. Sie verstarb am 7. Dezember 1973 ebenfalls in Weida. Beide ruhen in einem Doppelgrab auf dem Friedhof in Weida.

Auch meine Großeltern mütterlicher- und väterlicherseits stammten aus Malitschen und Pistian.

Unser Dorf

Meine Heimat am Rande des Böhmischen Mittelgebirges ist umgeben von Basaltbergen und sehr fruchtbar. Sie ist bekannt als das „Paradies Böhmens". Hier reifen alle Frühobstsorten wie Aprikosen, Pfirsiche und frühe Kirschen. Und es gab große Walnussbäume mit Papiernüssen, die sich gut aus der Schale lösen lassen.

Zur Baumblüte kamen die schmucken Raddampfer der „Weißen Flotte" aus Dresden mit vielen Schaulustigen mehrmals täglich bis nach Leitmeritz. An den Berghängen wurde Wein angebaut. Groß Tschernosek, das Nachbardorf von Pistian, ist noch heute ein bekannter Weinort. Neben dem Schlösschen führen tiefe Gänge in den Berg, wo der Wein in Fässern und Flaschen lagert. Im Ort hatte fast jeder Bauer auch eine Weinpresse und

Pistian Nr. 28 – Elternhaus mit Garten, Scheune und dazugehörendem Ausgedingehaus Nr. 25, im Hintergrund der Berg Radobil

kelterte seinen eigenen Wein. Pistian gehörte zur Kirche in Groß Tschernosek, auf dem dortigen Friedhof ruhen auch meine Großeltern.

Zu meinem Elternhaus Nr. 28, am Rande des Ortes, gehörten ein Garten, eine Scheune und das Ausgedingehaus (sozusagen das „Auszugshaus", separates Gebäude für die älteren Familienmitglieder) Nr. 25, das für die Großeltern vorgesehen war (das sie aber nie bewohnten), und auch einige Felder.

Mein Großvater hatte aber im Haus Nr. 25 im ebenerdigen Kellergewölbe seine Korbmacherwerkstatt, die anschließend mein Vater – ebenso mit zwei Gehilfen – weiterführte. Sie stellten fast ganzjährig nur „Koschinken" (Obstkörbe) her. Als in den 1930er Jahren die viel leichteren Spankörbe aufkamen, verdrängten sie die schweren Weidenkörbe. Dann wurden nur noch Buckelkörbe, Kockernitzen (geschlossene Eierlegekörbe für die Hühner) und Körbe für die Landwirtschaft bestellt und geflochten.

Der Hof am Elternhaus hatte als Pflaster unter anderem auch drei runde Mühlsandsteine. Im Haus gab es einen in die ganze Breite eingebauten Holzkasten mit Deckel, der staubige dicke Ketten und große Zahnräder enthielt.

Meine Großmutter erzählte, dass vor ihrer Kindheit zum Haus auch eine Schiffsmühle gehört habe. Die Geschichte berichtet, dass im 15. Jahrhundert allein entlang bzw. in der Elbe 543 dieser Schiffsmühlen gestanden haben müssen, die dann nach und nach abgetragen wurden und verschwanden. Bei Pistian

Schiffsmühle bei Pistian in der Elbe auf dem Weg ins Winterquartier/ Schiffsmüller Josef Rosenkranz, 1910

gab es noch eine Schiffsmühle. Sie wurde zum Schutz vor Eisgang in den Elbearm bei Tschalositz gebracht. Der Abbau dieser letzten Schiffsmühle erfolgte 1911, weil 1913 eine Staustufe zwischen Pistian und Lobositz in die Elbe gebaut wurde. Aus diesem Grund zogen auch einige wenige tschechische Familien nach Pistian. Die Wohnungen des tschechischen Wehrmeisters und seiner Schleusenarbeiter befanden sich ebenfalls im Dorf.

Kinderspiele und Freundschaften

Unser Dorf liegt ungefähr sechs bis acht Meter über Flusshöhe auf einer Böschung. Darunter erstreckt sich noch ein Stück Wiese bis zur Elbe. Meine Kindheit spielte sich viel in dieser Umgebung ab. Weil meine Eltern Kleintiere wie Ziegen, Schweine, Gänse, Enten, Hühner, Hund und Katzen zu versorgen, die Körbe zu flechten und Arbeit auf den Feldern zu erledigen hatten, musste mein über sieben Jahre älterer Bruder Ernst oft auf mich aufpassen. Was ihm sicher nicht immer leicht fiel, wenn er mich im Kinderwagen mitnehmen musste!

Zu jedem Anlass bekam er Karl May-Bücher geschenkt. Um sie mit seinen Freunden, den Brüdern Franz und Rudi Hornischer, ungestört lesen zu können, zog er meinen hochrädrigen Kinderwagen bei Bedarf an einer Schnur zu sich und stieß ihn mit dem Fuß wieder weg. Später, als ich noch kaum laufen konnte, wurde ich als Squaw mit einer Feder im Haar bei ihren Indianerspielen auch manchmal an einen Baum gebunden. Oder ich wurde beim Versteckspielen irgendwo für län-

Aloisia Kreische mit Sohn Ernst, 1923

ger abgestellt. Schon früh übte er in der Rampe der Elbe, wo die Kähne der Dorfbewohner standen, so lange schwimmen mit mir, bis ich mich mit sieben Jahren gerade mal so über Wasser halten konnte. Dann setzte er sich in unser „Kahnl“ und ruderte mit seinem Freund vor mir her. Ich paddelte mit den tollsten Schwimmstilen – auch Hundeputtern war dabei – hinterher und schaffte es sogar über die bei uns 180 Meter breite Elbe. (So breit ist die Schleuse.) Von da an durfte ich mich auch ohne Aufsicht am Fluss aufhalten. Weil in unserem Dorf keine gleichaltrigen Mädchen waren, spielte ich auch mit „Karln“ (Jungs, Kerle).

Zu unseren Spielen kamen Minksns Toni, Pepi und Rudi und auch tschechische Kinder wie Vranys Jungs und Schönbachs Jenny. Sie waren meistens dabei, wenn wir im Dorf oder am Fluss herumtollten. Mit dem Absatz drehten wir ein kleines „Grabl“ zum „Kugelschieben“ mit Murmeln. Jeder besaß ein Kugelsackl. Dabei war ich langsamer und mein Vorrat war schnell aufgebraucht.

Oder wir sprangen barfuß mit Stricken um die Wette durchs Dorf. Ebenso konnten ausgediente kleinere Radln mit einem Stock geschoben werden. War ein Ball vorhanden, kam die Ballschule dran. Der Ball wurde auf verschiedene Weise an ein Tor oder eine Wand geworfen oder mit der Hand getitscht – fiel er herunter, kam der Nächste dran. Auch Spiele wie „Es kommt ein Mann aus Paris mit wunderschönen Sachen – was hat er mitgebracht?“ waren sehr beliebt. Bei den Aufzählungen durfte eine vorgegebene Farbe nicht erwähnt werden.

In einigen Sommern bauten wir mit verschieden geformten Kieselsteinen und manchmal auch Scherben am Fluss Wohnungen. Pappel- und Weidenblätter dienten als Decken und Betten. Damals gab es kleine Püppchen aus Zelluloid, die gut dazu passten. Dazu hatte jeder in einer Schuhschachtel Fleckerln (kleine Stoffreste). Bei all den Spielen konnte es vorkommen, dass geschimpft wurde – und das meist auf Tschechisch. Jedes Mal, wenn ich wieder meinen Wortschatz erweitert hatte und der Mammie mein „Ja ti dam Facku“ oder „disi blbe“, sowie alle gehörten Tiernamen wie Koza, Pes, Husa usw. stolz vorbrachte, fuchtelte sie mit der Hand vor meinem Gesicht, verbot mir derlei Ausdrücke und bekräftigte es manchmal auch mit einer „Watsche“. Sie fackelte da nicht lange. Dabei war sie sonst immer sehr gut zu mir!

Ein Haus voller Leben

Unser Haus stand allein und hatte ringsherum Fenster – auch das Dach ging nach allen vier Seiten. Ganz oben waren unsere Schlafzimmer: das der Eltern und je ein kleineres für meinen Bruder und mich und eine „Gute Stube“. Eine Holztreppe mit 32 knarrenden Stiegen führte hinauf. In der mittleren Etage wohnten meine Großeltern. Als sie verstorben waren, kam ein Ehepaar aus Berlin zu uns, weil deren Wohnung ausgebombt worden war.

Im Erdgeschoss gab es eine große Wirtschaftsküche, in der wir uns am meisten aufhielten. Dort spielte sich das Familienleben ab. Sie hatte einen gemauerten, gekachelten Küchenofen. Von der mehrteiligen Platte konnten Ringe für den Kessel entfernt werden. Im Aufbau befanden sich eine Wasserpfanne und die Röhre, und darunter war eine Nische. Hier wurden Schuhe und Holz getrocknet. Es gab eine Kredenz und ein Wandbrett für Haferle (Tassen) und Teller, außerdem Stühle, eine Ofenbank und ein Kanapee. Aufgewaschen wurde in einer Schüssel.

Es gab auch einen kleinen Abstellraum für die Tongefäße und die Badewanne sowie eine Räucherkammer, die in die Wand am Rauchfang eingebaut war. Quer durchs Haus, von der Haustür bis zur Hoftür, war ein Gang. Die Hauswände waren sehr dick – in der Küche konnte der Tisch zur Hälfte in der Fensternische stehen.

Hinunter in den Keller ging eine steinerne Treppe. Der geräumige Keller hatte ein Gewölbe. Durch das kleine Fenster kamen Kartoffeln, Rüben und Gemüse ins Haus.

Und es gab noch etwas ganz Besonderes: Wir hatten Fledermäuse! Sie hingen am Tag mit dem Kopf nach unten an der Gewölbedecke. Mein Vater öffnete im Frühjahr das Fenster, damit sie nachts ausfliegen konnten und verschloss es erst wieder im Herbst, wenn die Tiere Winterschlaf hielten.

Auch der Ziegenstall mit vier Ziegen und einigen Kaninchen war mit im Haus. Dort und im Gang hingen viele Schwalbennester an der Decke. Manchmal setzten wir uns auf die Stiegen und sahen den Schwalben zu, wie sie fleißig ihre Jungen mit Fliegen fütterten. Damit sie den Boden darunter nicht verschmutzten, hatte Tatie (Vater) Bretter unter den Nestern angebracht – so blieb es sauber. Hatten unsere Ziegen Zickel, wurden die Kleinen in einem Buckelkorb vor den Küchenofen gestellt und warm gehalten. Kaum, dass sie auf den Beinen stehen konnten, war ihnen selbst unser Kanapee bald kein Hindernis mehr. Sie sprangen lustig rauf und runter und vor und zur Seite. Manchmal kamen andere Kinder zu uns, um den Zickeln zuzusehen.

Erst 1936 kam in unser Haus elektrisches Licht. Vorher machte ich meine Hausaufgaben im Schein einer Petroleumlampe.

Mein treuer Freund

Die meisten Kinder im Dorf hatten einen Hund und ich hatte keinen. Da bettelte ich so lange, bis Tatie mit mir eine Hundeausstellung besuchte. Dort durf-

Herta Kreische mit Terrier Ferry

te ich einen Hund aussuchen, der mir am besten gefiel. Ferry war ein Foxterrier und noch ganz klein, als er gebracht wurde. Nein, war der schön! Am liebsten hätte ich ihn mit ins Bett genommen. Er stellte allerhand Unsinn an. Verloren Geglaubtes fanden wir meist in seiner Hütte. Mich begleitete er überallhin und ließ sich vors Radl spannen. Ihm erzählte ich meine Sorgen und Träume und heulte an seinem Hals meinen Kummer aus.

Von Großmutters 13 Katzen hatte er in seinem Spieltrieb bis auf eine alle verjagt. Sie hielt stand und bekam dann in seiner Hütte auch ihre Jungen. Ferry bewachte sie und ließ niemanden ran.

Erntefreuden

Auf dem Feld und im Ufer (gemeint ist der Abhang vom Haus zur Wiese) standen in Reihen Aprikosen-, Pfirsich-, Apfel-, Kirsch-, Pflaumen- und Birnbäume, außerdem auch hohe Nussbäume. An der Hauswand wuchsen zwei Weinstöcke.

Mein Vater hatte im Laufe der Jahre die Sorten so gewählt, dass das Obst nacheinander reifte. Es gab also von jeder Obstart frühe, mittlere und späte Früchte. Selbst mit den Stachelbeer- und Ribiselbäumchen im Garten war es so. Ich konnte nach Herzenslust überall naschen. Von den Bäumen im Ufer ragten die Äste bis an die Uferschräge. Da probierte ich liegend, ob die Äpfel schon reif sind, biss hinein und ließ sie am Baum hängen. Am Tag darauf fragte mein Vater, „ob mich wohl der Hafer gestochen habe“, und gab dem „Tschunl“, wie unser Schwein hieß, die angebissenen Äpfel. (Vom Hafer gestochen – wenn jemand Unfug im Sinn hatte.) Ob er mehr Geduld als Mammie hatte? Ich war aber beschämt.

Für Großmutter sammelte ich die Blüten der im Ufer wild wachsenden Königskerzen, die sie zu Salbe verarbeitete und für ihr offenes Bein verwendete. Ich kannte sie nur mit bis auf den Boden reichenden Röcken. Damals trugen ältere Frauen vom Dorf keine modische Kleidung und kleinen Buben zog man Kleidchen an.

Volksschule Tschalositz. Herta Kreische rechts oben vorletzte Reihe (Pfeil)

Anfangs war es auch überhaupt nicht üblich, dass Mädchen lange Hosen trugen. Weil sie praktischer waren, zog ich erstmal welche meines Bruders an. Es ging ganz schnell, bis es sich eingebürgert hatte.

Meine Schulzeit

Eingeführt wurde ich am 1. September 1933 in die zweiklassige Volksschule in Tschalositz. (Tschalositz liegt am Fuße des Berges Radobil.) Bei uns gab es keine Zuckertute. Aber stolz war ich auf meinen wunderschönen Schulranzen, der auf seinem Deckel ein Katzenbild hatte. Leider dauerte die Freude nur kurze Zeit. Schon beim ersten Schnee am Bahndamm – ich war auf dem Heimweg von der Schule – war ich auch schnell dabei, mit den anderen Kindern im Schnee die Böschung runter zu rutschen. Dazu setzte ich mich auf eben diesen schönen Katzenranzen. Nach der ersten Rutschpartie sah ich die traurige Bescherung. Das Katzenbild war abgeschabt. Heulend lief ich heim. Mammie übernähte die Stelle mit einem Stoffrest. Erst im zweiten Schuljahr gab es einen neuen Ranzen. Diesmal war er aus Leder.

Die Volksschule dauerte fünf Jahre. In den ersten drei Jahren unterrichtete Lehrer Thiele alle Kinder in einem Klassenzimmer und das vierte und fünfte Schuljahr lernten wir bei Oberlehrer Kusebauch im anderen Raum. Beide Lehrerfamilien wohnten im oberen Stockwerk der Schule.

1938 kam ich mit elf Jahren in die Mädchenbürgerschule in Leitmeritz. Aus diesem Anlass bekam ich mein Radl. Es war ein „Steyr-Waffenrad“, mit dem ich von nun an jeden Tag zur Schule fuhr. Nur nach Aussig und im kalten Winter musste ich mit der Bahn fahren. Aber bis zum Bahnhof fuhr ich auch da trotzdem meist mit dem Radl.

In der Bürgerschule hatte ich viele neue Mitschülerinnen aus der Stadt und den umliegenden Dörfern. Wir hatten anfangs einen Lehrer. Alles war für mich ganz neu. Neben mir saß in den ersten Wochen ein Mädchen, Hansi Arnost, das, wenn es das Frühstücksbrot herausholte, weiße Handschuhe anzog. Ich konnte vor Staunen kaum in meine einfache Schnitte beißen. Umgekehrt wunderte sie sich sicher über meine Art.

Eines Tages durfte ich sie besuchen. Alles machte mich unsicher und ich staunte nur. Noch nie war ich in einer Villa gewesen, die so schön eingerichtet war. Alles spiegelte und glänzte. Daraufhin durfte auch Hansi mit ihrem Radl mit mir nach Pistian. Im Stall verlor sie langsam ihre anfängliche Scheu und streichelte alle Tiere – erst zaghaft und dann mutig. Schließlich setzte sie sich sogar zu den Ziegen. Am nächsten Tag erzählte sie traurig, dass sie nicht mehr mitkommen dürfe und sich von mir wegsetzen solle. Das war Ende September. Dazu kam es nicht mehr.

Ab dem 1. Oktober besetzten deutsche Truppen das Sudetenland. Daher blieben die Schulen vier Wochen geschlossen. Zum Neubeginn Anfang November bekamen wir eine ganz junge Lehrerin: Fräulein Effenberger. Schon am ersten Tag fehlte Hansi Arnost und ich fragte nach ihr. Für Juden sei im Deutschen Reich kein Platz, war die barsche Auskunft. Ich traute mich nicht, weiter zu fragen – ich wusste nichts von Juden. Erst daheim fragte ich. Von da an erzählten meine Eltern manchmal etwas und redeten mir ins Gewissen, dass ich davon niemandem etwas sagen soll. Vor unserer Haustür lag oft eine kostenlose Zeitung mit ganz dickem Titel: „Der Stürmer“. Man sah Bilder von Helden mit Schwertern in den Händen und verzerrte Fratzen mit dem Titel „Jude“, und im Text wurde eine Gräueltat beschrieben, die sie wieder verübt haben sollten. Regelmäßig verbrannte meine Mutter dieses Blatt. Sicher, weil mein Vater sich darüber aufregte.

Meine Zeugnisse waren einigermaßen gut und ich durfte nach der Mädchenbür-

Leitmeritz, Marktplatz

gerschule auch in Leitmeritz zwei Jahre die private Frauenberufsfachschule besuchen. Danach noch ein Jahr die Handelsschule in Aussig. Im Herbst wurde sie geschlossen. Sie wurde dann 1944 Lazarett. Die Zeit bis zum Kriegsende arbeitete ich in Leitmeritz in einem Büro.

Kriegszeit

Anfangs dachten viele, das Sudetenland wäre von Deutschland „befreit" worden, weil die Tschechen die deutschen Dörfer unterwanderten, alle staatlichen Positionen nur mit Tschechen besetzten und für öffentliche Stellen nur Personen mit Tschechischkenntnissen einstellten. Ein Beispiel dazu aus meiner Familie:

Mein Bruder Ernst hatte die Schule mit Mittlerer Reife abgeschlossen und die Aussicht, eventuell in einer Bank eine Lehre anzutreten. Das war nicht möglich – er sprach nicht perfekt tschechisch. Weil Friseur Josef Watzke in der Josefsgasse in Leitmeritz tschechische Gehilfen hatte, durfte er meinen Bruder als Lehrling einstellen.

Fast nur Deutsche waren arbeitslos, das brachte Unzufriedenheit. Das war auch ein Grund dafür, dass man die deutschen Soldaten als Befreier jubelnd begrüßt hatte. Hitler versprach Arbeit. Aber schon 1939 besetzten seine Soldaten Polen. Der Krieg begann. Das war der Anfang vom Untergang und hatte 1945 unsere Vertreibung zur Folge.

Mit dem Krieg begannen Einschränkungen. Es gab Lebensmittelkarten. Wir galten als Selbstversorger. Ein geschlachtetes Schwein wurde gewogen und für die dafür berechnete Versorgungszeit gab es keine Fleischmarken. Aber bei uns mangelte es bis zur Vertreibung an nichts. Meine Mutter kochte nie nach Rezepten. Sie hatte immer Vorrat.

Sauerkraut sowie Gurken waren in großen Tonkrügen eingelegt. Ebenso wurde Fleisch gepökelt oder in der Räucherkammer geräuchert. „Einrexen" in Gläsern diente ebenso der Haltbarmachung. Im Sommer kam das Obst als Kompott in die Gläser und im Winter wurde in den inzwischen leeren Gläsern Fleisch haltbar gemacht. Zum „Einrexen" gehörte ein großer Topf mit Einsatz, auf den die Gläser gestellt wurden. „Rex" war die Herstellungsfirma.

Der Krieg brachte auch andere Begrenzungen. Es durfte nicht mehr öffentlich getanzt werden. Und schon bald kam die Verdunklung. Durch kein Fenster durfte ein Lichtschimmer zu sehen sein. Jeder zweite Sonntag war ein „Eintopfsonntag". Wir Kinder zogen mit Sammelbüchsen von Haus zu Haus und sammelten für das Winterhilfswerk. Auch Textilien und Schuhe gab es nur noch auf Bezugsschein vom Bürgermeister.

Mit 16 Jahren meldete ich mich in Leitmeritz beim Ruderclub an. Leider war durch den Krieg bald Schluss damit. Ähnlich ging es mit dem Tennisclub. Burschen waren als Soldaten eingezogen und Mädchen waren auch zum Kriegsdienst abgestellt – entweder beim Arbeitsdienst, als Flakhelferin oder Rot-Kreuz-Schwester.

Aber es gab zwei Kinos in Leitmeritz und eins in Lobositz. Sie hatten zweimal wöchentlich Filmwechsel, und ich versuchte, keinen Film zu versäumen. Heute weiß ich, dass einige davon gegen Juden hetzten und andere den Krieg verherrlichten. Aber es war so ziemlich unser einziges Vergnügen. Beim Theaterring durfte ich nur eine Saison dabei sein, weil die Vorstellungen meist abends waren. Natürlich durfte ich nur zu den Nachmittagsvorstellungen gehen. Ich musste immer mit Einbruch der Dunkelheit daheim sein. Da kannte meine Mammie nichts. Sie stand einmal, als ich schon 18 war, im Winter hinter der Haustür und gab mir, weil ich später kam, eine Watsche… und ich hatte doch nur den Zug verpasst!

Winterfreuden

Die Elbe war in dieser Zeit jedes Jahr zugefroren, in den besonders harten Wintern 1940 und 1942 sogar bis auf den Grund.

Landschaft bei Lobositz an der Elbe

Da konnten Pferdefuhrwerke bei Pistian über das Eis nach Lobositz fahren. In dieser Zeit gab es kaum jemanden im Dorf, der nicht „Schleifeisn foarn“ (Schlittschuh laufen) konnte. Die Schlittschuhe hatten vorn einen Bogen. Sie konnten an hohe Schuhe mit einem Schlüssel (Vierkant) festgeschraubt werden. Es dauerte nicht lange, da gingen die Absätze von den Schuhen ab. In Lobositz gab es einen Schlosser, der Hohlschliff herstellte. Damit ließ es sich schneller und besser übers Eis flitzen. War die Elbe schnell zugefroren, war das Eis spiegelglatt und hatte keine Hindernisse. Um zu sehen, ob das Eis dick genug war und trägt, gingen Männer mit langen Stangen langsam darüber und grenzten dünne Stellen mit Pfählen ab. Es gab Stellen, wo das Wasser noch an die Oberfläche lief. Dort wurde sehr weit herum abgesteckt. Bei uns gab es wenig Schnee. Verständlich, dass kaum jemand in die weiter entfernten Orte zum Skifahren ging.

Mädchendasein

Die Aufklärung auf dem Land war sehr mangelhaft. Es wurde aus Scham nicht darüber gesprochen. Als ich schon in die Frauenberufsfachschule ging, sprach ich mit meiner Mutter über die einzelnen Zusammenhänge, und sie sagte einmal: „Was du alles weißt!“

Früher war üblich, dass Mädchen keine lange Schulzeit hatten. Sie mussten oft schon als Kinder im Haushalt und auf dem Feld helfen. Meine Mutter war neun Jahre alt, als ihre Mutter starb. Sie half, ihre drei kleineren Brüder zu erziehen und zu versorgen und hatte keine Kindheit. Das war ja auch im Ersten Weltkrieg.

Es war üblich, dass wir Mädchen Briefe an uns unbekannte Soldaten schrieben.

Bei mir waren es zeitweise 30 Briefpartner. Oft kamen dankbare Antworten. Lange vor Weihnachten half mir Mammie beim Plätzchenbacken. An die Front konnten nur 100 Gramm-Päckchen geschickt werden (Faltschachteln). Aber es war erlaubt, mehrere davon aneinander zu hängen für nur einen Soldaten. Jeder hatte zum Namen eine Feldpostnummer. Wir strickten auch Socken, Schals und Fausthandschuhe für den Winter.

Herta und Ernst Kreische, 1941

Kriegsende und neue Schicksalsschläge

Als mein Bruder Soldat wurde, machte er mich mit seiner Freundin bekannt. Beate Löhnert kam aus Lukawetz, einem Dorf bei Lobositz. Eigentlich sollte sie auf mich aufpassen und mich lenken, wie er es bis dahin ein bisschen als großer Bruder getan hatte. Wir schlossen uns sehr eng zusammen und unsere Freundschaft hielt unser ganzes Leben lang. Mit ihr (sie war drei Jahre älter als ich) durfte ich ab und zu nach Prag oder Dresden fahren. Sie arbeitete als Kurierin und nahm mich mit. Sie heiratete gleich nach Kriegsende einen Tschechen und wurde nicht vertrieben.

Zum Kriegsende, am 8. Mai 1945, kamen in unser Dorf als Besatzer keine Russen. Unser Dorf besetzten Tschechen. Jetzt bekannten sich auf einmal bisher Deutsche aus Mischehen als Tschechen. Sie waren schlimmer als die, die immer schon Tschechen gewesen waren. Ich nehme an, sie wollten sich beweisen und hervortun.

Alle Deutschen mussten weiße Armbinden tragen, mussten vom Gehweg runter, wenn Tschechen kamen, und wurden ohne Anlass verprügelt. Als Mädchen traute ich mich nicht mehr auf die Straße. Von unserem Haus aus konnte ich in alle Richtungen schauen und sehen, wer sich dem Dorf näherte.

Klopfte es an unsere Haustür, konnte ich im ersten Stock vom Gang aus auf der Hofseite über einen gemauerten Torbogen in Nachbar Stoys Gärtnerei klettern und mich in einem alten Glashaus verstecken. Vater Stoy war Deutscher, die Mutter Tschechin und Herbert, der Sohn, hatte zwar als Soldat im Krieg gedient, war aber jetzt Tscheche. Das ist sicher für Unbeteiligte schwer nachzuvollziehen. Ebenso war es bei Otto Laube, einem gleichaltrigen Jungen aus dem Dorf. Sein älterer Bruder war 1941 im Arbeitsdienst an Sumpffieber gestorben, bekam ein Militärbegräbnis und auf dem Grabstein stand die Inschrift: „Gefallen für Führer, Volk und Vaterland". (Die Inschrift wurde 1945 ausgemeißelt.)

Otto, der vorher auch Soldat war, trug jetzt zur roten Stirnbinde ein Gewehr. Dieser Junge sprach mich eines Tages an und forderte von mir, mit ihm zu schlafen, da es mir doch einerlei sein könne, ob mich Russen kriegen oder er. Ich konnte nur lachen und ihn absolut nicht ernst nehmen. Schon am nächsten Tag kam die Quittung.

Zwei Milizionäre aus Theresienstadt, dem früheren berüchtigten Konzentrationslager der SS über der Elbe bei Leitmeritz, wo mittlerweile Deutsche eingesperrt und gefoltert wurden, forderten mich mit vorgehaltenem Gewehr auf, mit zum „Národní Výbor", dem Nationalausschuss des Dorfes, zu kommen. Meine Eltern waren entsetzt und ich zitterte innerlich vor Angst. Herr Vrany, ein alteingesessener Tscheche vom Dorf, stellte einige Fragen und erwähnte auch meinen Lobositzer Onkel Gust Petersik. Mein Onkel war Aufseher in der Lobositzer Glanzstofffabrik über Kriegsgefangene Russen, Franzosen und zur Arbeit gezwungene Tschechen. Die Milizionäre forderten mich auf, ein Bild vom Onkel zu holen und begleiteten mich wieder auf die gleiche Weise mit aufgepflanztem Gewehr durchs Dorf. (Unser Haus war am entgegengesetzten Ende.) Es stellte sich heraus, dass mein Onkel die Arbeiter heimlich mit Lebensmitteln versorgte und wegsah, wenn am Zaun Verwandte der Gefangenen auftauchten. Mein Onkel riskierte damals dadurch selbst sein Leben. Einer der Milizionäre erkannte den Onkel. Er klopfte mir auf die Schulter und sagte: „Du hast gute Onkel" und „Geh wieder heim". Das Konzentrationslager konnte Herr Vrany abwenden.

Aber Ottos Rache erreichte mich dennoch und niemand konnte mich davor schützen. Tage später erwarteten mich zwei Tschechen hinter der Mauer, über die ich zu meinem Schutz kletterte, und zwangen mich zu dem, was ich Otto verweigert hatte.

Herr Vrany kam am Abend zu uns und riet mir, mich freiwillig an den ersten Transport nach Deutschland anzuschließen, weil er nichts weiter für mich tun konnte. So kam es, dass ich vier Wochen vor meinen Eltern die Heimat verließ.

Ich schloss mich dem ersten Transport an, der aus Pistian vertrieben wurde. In Tschalositz wurden wir in Kohlewagen verladen und eng stehend mit der Bahn bis Teplitz-Schönau transportiert. Ein langer Zug von Alten und Frauen mit Kindern musste bei großer Hitze 15 km bis Altenberg-Geising ins Erzgebirge laufen. Wir wurden von Milizen mit aufgepflanztem Bajonett angetrieben. Oben wurden unsere Habseligkeiten noch einmal durchwühlt und sie behielten, was sie gebrauchen konnten.

Zurück zu meinen Eltern, die erst vier Wochen später vertrieben wurden. Noch einmal wurde mein Vater mit vorgehaltener Pistole zu meiner Herausgabe aufgefordert. Er sagte aus Verzweiflung, sie sollen doch schießen, er wisse nicht, wo ich sei. Sie schlugen ihn und gingen dann. Wir vermuteten, dass Otto Laube meinen Weggang nicht bemerkt hatte und noch einmal hetzte.

Mein Onkel kam noch einmal zu meinen Eltern und holte einige wertvolle Sachen wie Grundbesitzbogen und Fotos. Durch seine Verbindung zu den Tschechen wurde er erst 1946 ausgewiesen und durfte mehr persönliche Dinge mitnehmen. So kam es, dass ein Teil unserer Familienbilder gerettet wurden. Bei der Vertreibung mussten alle Wertgegenstände wie Dokumente und Sparbücher mit den Hausschlüsseln beim „Národní Výbor" abgegeben werden. Persönliche Dinge durften bei Strafe nicht mitgenommen werden.

Meine Eltern traf ich bei einer bekannten Familie in Oederan wieder. Viel später erfuhr ich, dass auch Familie Vrany enteignet wurde und das Dorf verlassen musste. Sie wohnten zurückgezogen in Leitmeritz.

Viele Jahre später – im Jahr 2009 – besuchten ich und einige frühere Pistianer, die meiner Einladung gefolgt waren, unser Dorf. Mitten im Ort trafen wir Otto Laube. Er benannte jeden, den er wiedererkannte; ich hielt mich abseits. Dann kam er zu mir, entschuldigte sich und streckte mir seine Hand entgegen. Ich übersah sie, drehte mich um und ging weg.

Bei uns wurde nicht nach Rezepten gekocht …

Unsere Mahlzeiten waren ländlich üblich und richteten sich immer nach den Jahreszeiten. Vor jeder Mahlzeit gab es eine Suppe. Dabei war die Auswahl sehr groß.

An Gemüse gab es Kohlrabi, Karotten, Rot- und Weißkraut, Karfiol (Blumenkohl), Fisolen (grüne Bohnen), Paradeiser (Tomaten), Sprossenkohl, Spargel, Bohnen, Tschotschken (Linsen), Erbsen, Kren (Meerrettich, Porree usw. zu vielen Fleischgerichten.

Wir aßen weniger Kartoffeln – dafür mehr Semmel-, Hefe-, Servietten- und Kartoffelknödel (auch nur mit ausgelassenem Speck). Abgegossene Linsen gab es auch mit Speck und saurer Gurke.

Karfiol, Fisolen, Sprossenkohl und Spargel wurden meist mit fast flüssigen, in guter Butter gerösteten Semmelbröseln gegessen – allein, ohne alles. Nudeln mit vielen Eiern stellte meine Mutter in jeder Breite selbst her. Gern aß ich Mohnnudeln, Apfelreis oder auf der Ofenplatte gebackene Liwanzen mit verschiedenem Obst oder Schinkenfleckerln.

Fleischverarbeitung

Die Schweine wurden im Winter geschlachtet. Der Fleischhacker bereitete einen großen Teil schon selbst zur Haltbarmachung vor. Speck, Leber-, Blut- und Presswürste wurden in der Räucherkammer aufgehängt und geräuchert.

Im großen Tonkrug wurde Fleisch gepökelt. Ein größerer Tontopf enthielt vorgebratene Schnitzel. Die übrigen wurden immer wieder neu mit flüssigem Fett übergossen. In einer großen Pfanne gebratenes Faschiertes (Gehacktes) konnte zugedeckt und in Eis (gab es damals zur Genüge) gepackt länger verwendet werden. Später kam die Haltbarmachung in Gläsern durch die Firma „Rex" zu uns. Dann konnten auch Rouladen und Krustenbraten in verschieden großen Gläsern „eingerext" werden. Gänse und Enten wurden auch in der Weihnachtszeit geschlachtet. Das, was nicht verkauft wurde, kam auf den Tisch – der Rest wurde haltbar gemacht.

Bei uns gab es für den täglichen Gebrauch Krüge, Töpfe und Schüsseln aus gebranntem Ton. Zu ihrem Schutz kam von Zeit zu Zeit ein Drahtbinder ins Dorf. Er umflocht diese Gefäße mit Draht. Das sah dann aus wie ein kleiner Maschendrahtzaun – sie hielten dadurch manchen Stoß und Sturz aus.

An Fisch gab es das, was aus der Elbe kam. In unserem Dorf fischten die Leitmeritzer „Fischeraner" und natürlich auch die Leute vom Ort. Dabei erinnere ich mich an panierten Weißfisch, Plötze und Zander. Ich fand Aal nicht so gut, es gab ihn aber oft. (An der Schleuse wurden die Aale aufgehalten und in Reusen gefangen.)

Kuchen und Süßes

Gebacken wurde jede Woche. Hauptsächlich gab es Hefekuchen. Alle Obstsorten fanden übers ganze Jahr (frisch oder eingeweckt) Verwendung – angefangen im Frühjahr mit Erdbeeren und Rhabarber, später Kirschen, Pflaumen oder Äpfel. Mohnkuchen und Apfelstrudel gab es oft, manchmal auch „nur" Buchtln mit Powidl oder Marmelade – oder auch mit Vanillesoße. Zu Geburtstagen gab es Gugelhupf und Torten. Vor Weihnachten waren es Striezel und viele Plätzchen. Da mochte ich von Aufzählungen absehen.

An unserem Weihnachtsbaum hingen u.a. selbst gebackene Kringel, Äpfel, auch Schokoladenfiguren, die selbst hergestellt waren und Zapfen, Vogel und viele andere Tiere aus Glas. An Ästen, die bis zum Boden reichten, hingen Naschereien für unsere Katze.

Anna Burggraf, geb. Franke, 1903–1947, um 1930

Hausrezepte von Anna Burggraf aus Herrnskretschen

Die Familie Franke lebte schon seit Jahrhunderten in Herrnskretschen (heute Hřensko), einem kleinen Ort an der heutigen Grenze zu Deutschland, auch das Tor zum Nationalpark Böhmische Schweiz genannt.

Herrnskretschen liegt am Zusammenfluss der Elbe mit der Kamnitz und verdankt seine Entwicklung vor allem der Entstehung der Dampfschifffahrt. Mit dem Anlegen des ersten Dampfschiffs 1838 erlebte auch der Tourismus einen Aufschwung, besonders gefördert durch den Gutsbesitzer Fürst Edmund Clary Aldringen.

Im Dienst dieser Gutsbesitzerfamilie stand seit mehreren Generationen die Familie Franke – die Frauen in der herrschaftlichen Küche und die Männer im Pferdestall ... In Annas Generation war das nicht anders. Doch als die Eltern 1905 bei einem Bootsunfall auf der Elbe

Dr. Meinhardt Franke, 1900–1945, Eleonore Franke, geb. 1930 und Martha Franke, geb. Birner 1906–1945, Bild um 1937

ums Leben kamen, wurden Anna Franke (1903–1947) und ihr Bruder Meinhardt (1900–1945) von Freunden der Eltern aufgenommen. Und dank der Intervention durch die Gutsbesitzerfamilie Aldringen konnten sie auf der höheren Schule lernen. Danach studierte Meinhardt Franke an der Prager Universität Medizin. Anna besuchte die höhere Töchterschule, dann die Handelsfachschule in Dresden und lernte bei angesehenen Hoteliers in Marienbad Buchhaltung und alles Wissenswerte rund ums Gaststättengewerbe.

Sie unterrichtete an der Marienbader Haushaltsschule in den Fächern der Küchenlehre. Für ihren praktischen Unterricht konnte sie die drei erhaltenen Küchenhandbücher ihrer Vorfahren oft als Grundlage nutzen.

1940 wurde Anna als Krankenschwester nach Dresden verpflichtet, wo sie Professor Burggraf kennen lernte, in den sie sich verliebte und bald mit ihm zusammenzog. Ihr Bruder lebte mit seiner Familie nach einem Bombenangriff auf Aschersleben ebenfalls in Dresden. Beim Bombenangriff am 14. Februar 1945 auf Dresden kamen er und seine Frau Martha ums Leben, ihre kleine Tochter Eleonore fand bei den Schwiegereltern in Aschers-

Herrnskretschen, Böhmische Schweiz

leben ein Heim. Professor Burggraf starb kurze Zeit später nach einer Erkältung an Entkräftung.

Also zog Anna nach Aschersleben, wo ihre kleine Nichte lebte. Hier arbeitete Anna in einem Heim für elternlose Kinder, denen sie besonders viel Zuwendung schenkte – zum einen, weil sie selbst keine Kinder hatte und zum anderen, um sie vergessen zu machen, dass der Krieg ihnen alles genommen hatte. Doch gegen den Hunger war auch Anna machtlos. Am Abend in ihrem Zimmer las sie oft bei Kerzenschein in den alten Küchenhandbüchern und stellte sich vor, das eine oder andere Gericht zu kochen.

Am Morgen des zweiten Weihnachtsfeiertages 1947 fand man Anna Burggraf tot in ihrem Bett, die drei handgeschriebenen Bücher mit den Rezepten aus verschiedenen Franke-Generationen hielt sie fest in ihren abgemagerten Armen.

Eleonore Franke ist heute 83, kann sich aber noch gut an die Hungerzeit erinnern, als wäre es gestern gewesen. Nicht mal 35 Kilogramm habe die Tante noch gewogen und war regelrecht verhungert.

Eleonore Franke war wie ihre Tante sozial sehr engagiert und arbeitete bis zur Rente 1995 in einem kirchlichen Kinderheim für elternlose Jungen und Mädchen. Da sie selbst auch keine eigenen Kinder hatte, ersetzte sie zwei Mädchen, deren Eltern bei einem Verkehrsunfall ums Leben gekommen waren, Vater und Mutter und ermöglichte ihnen eine berufliche Zukunft.

Damit hat sich ein Kreis geschlossen, denn ihrer Tante und ihrem Vater hatten gleichfalls mildtätige Menschen nach dem Unfalltod der Eltern ein neues Heim gegeben.

Aus dem ersten Buch „Herrnskretschen"

Herrnskretschener Kleckselkuchen

Für den Hefeteig: 500 g Mehl • 35 g Hefe • 80 g Zucker
¼ l lauwarme Milch • 100 g Butter • 1 Ei • 1 Prise Salz
Für den Belag: 250 g Quark • 2 Eigelb • 80 g Zucker • 1 Pck. Vanillezucker
außerdem: 250 g Pflaumenmus • 1 EL Rum
Für die Streusel: 200 g Mehl • 100 g Zucker • 100 g Butter
40 g Mandelstifte zum Bestreuen • Mehl zum Ausrollen • Butter zum Einfetten

☛ Mehl in eine Schüssel geben. In die Mitte eine Mulde drücken und die Hefe hineinbröckeln. Mit einem Teelöffel Zucker, etwas lauwarmer Milch und etwas Mehl zu einem Vorteig verrühren. Zugedeckt an einem warmen Ort 15 Minuten gehen lassen. Danach den restlichen Zucker, die übrige Milch, Butter, Ei und Salz dazugeben.

Alles zu einem glatten Teig verkneten. Teig so lange schlagen, bis er sich vom Schüsselrand löst. Zugedeckt nochmals 30 Minuten gehen lassen.

Für den Quarkbelag alle Zutaten verrühren. Pflaumenmus und Rum vermischen. Für die Streusel Mehl und Zucker mischen und das zerlassene Fett mit einer Gabel unter die Mehl-Zucker-Mischung rühren.

Ein großes Backblech einfetten und den auf Mehl ausgerollten Hefeteig darauf legen. Die Quarkmasse und das Pflaumenmus abwechselnd in kleinen Klecksen darauf geben. Die Streusel darüber verteilen und die Mandelstifte darüber streuen. Alles nochmals 15 Minuten gehen lassen und im vorgeheizten Ofen bei mittlerer Hitze ca. 35 bis 40 Minuten backen.

Aus dem zweiten Buch „Marienbad“

Marienbader Schinkenrolle mit Rauke

1 Bund Rauke (Rucola; ca. 60 g) • 5 Eier • 100 ml Milch
100 ml Mineralwasser (auch Brunnenwasser Marienbad)
100 g Mehl • Salz • Pfeffer • 2 Tomaten • 200 g Frischkäse
150 g gekochter Schinken, dünn geschnitten • Öl

☛ Rauke putzen, gründlich waschen, trocken tupfen. Backblech mit Backpapier auslegen und in den vorgeheizten Backofen (E-Herd: 200 °C / Umluft: 175 °C / Gas: Stufe 3) schieben.

Eier, Milch, Mineralwasser und Mehl zu einem glatten Teig verrühren. Mit Salz und Pfeffer würzen. Blech herausnehmen, Backpapier mit Öl bestreichen. Teig darauf geben, 1/3 Rauke darauf verteilen, andrücken. In den Ofen schieben, bei gleicher Temperatur 15 bis 20 Minuten backen. Inzwischen Tomaten hacken, mit Frischkäse verrühren und mit Pfeffer würzen.

Pfannkuchen herausnehmen, mit dem Papier herunterziehen. Mit Frischkäse bestreichen und Schinken belegen. Den großen Rest der Rauke, bis auf etwas für die Dekoration, auf dem Schinken verteilen. Pfannkuchen von der langen Seite her aufrollen. Rolle in Stücke schneiden. Auf Tellern anrichten und mit restlicher Rauke garnieren.

Marienbader Pilzkuchen mit Rinderhack

Für den Teig: 50 g weiche Butter • 240 g Mehl
150 ml Milch • 2 TL Backpulver
Für die Füllung: 250 g Pfifferlinge • 1 große Zwiebel • 1 EL Olivenöl
500 g Hackfleisch vom Rind • Salz • Pfeffer
Für den Guss: 250 g Crème fraîche • 250 g saure Sahne
4 EL Mayonnaise • 200 g Parmesan • 1 EL Speisestärke
1 kleine Zwiebel • 1 Bund glatte Petersilie

☛ Den Backofen mit Ober- und Unterhitze auf 200 °C vorheizen.

Der Teigboden: Alle Zutaten mischen und zu einem glatten Teig verkneten.

Marienbad

Eine Arbeitsfläche mit Mehl bestäuben und den Teig darauf ausrollen. Rand und Boden einer Springform von 24 cm Durchmesser damit auslegen.

DIE FÜLLUNG: Pfifferlinge vom Waldboden befreien, Zwiebeln schälen und in dünne Ringe schneiden. Das Öl in einer großen, hohen Pfanne erhitzen und Zwiebeln und Pilze darin braten, bis sie etwas Farbe haben. Einige besonders schöne Pilze herausnehmen. Alles an den Rand schieben, Hackfleisch in die Mitte der Pfanne geben und krümelig anbraten, dann alles vermengen. Salzen, pfeffern und auf dem ungebackenen Teigboden verteilen.

DER GUSS: Crème fraîche, saure Sahne, Speisestärke und Mayonnaise in einer Schüssel verrühren, leicht salzen und pfeffern. Auf der Hackfleischmischung verteilen und mit dem Parmesan bestreuen. Den Pilzkuchen 30 bis 40 Minuten im Ofen backen, bis der Teig an der Oberkante mittel- bis dunkelbraun ist.

Mit der feingehackten Zwiebel, den beiseite gelegten Pfifferlingen und ein paar Blättchen Petersilie den fertigen Pilzkuchen garnieren.

Marienbad, Neubad und Kurhaus

Marienbader Räucherforellen-Blätterteig-Pastete

(schnelle Variante mit TK-Blätterteig)

2 Pck. Blätterteig (TK)
400 g Forellenfilet ohne Haut und Gräten
4 Eier • 400 g Käse, Edamer geraspelt
etwas weißer Pfeffer
etwas Meersalz • etwas frisch geriebener Muskat
½ Bund Dill

☛ Den aufgetauten Blätterteig auf ein gefettetes Backblech legen, die Forellenfilets in Stückchen zupfen und darauf verteilen.

Die Eier mit dem Käse und den Gewürzen verrühren. Ei-Käse-Masse auf dem Forellen-Blätterteig verteilen und für ca. 15 Minuten bei 180 °C Umluft backen. Danach den gehackten Dill darüber streuen.

Das war der Renner auf den Terrassen der Hotels an warmen Sommerabenden. Man trank dazu Sekt und das berühmte Bier.

Marienbad, Großgaststättenbetrieb „Bellevue“

Marienbad, Höhen-Hotel und Café „Alm“

Marienbader Schokokuchen mit Birne

TEIG: 125 g Butter • 200 g Mehl • ½ TL Salz
30 g geriebene Mandeln • 4 EL kaltes Wasser
BELAG: 30 g Puderzucker • 4 Birnen • 50 g Butter • 100 g Schokolade
1 Ei • 150 g Zucker • 3 EL Wasser (kalt) • 50 g Mehl
1 EL Vanillezucker

☛ Aus Butter, Mehl, Salz, Mandeln und 4 EL Wasser einen Mürbeteig bereiten und eine halbe Stunde kühl rasten lassen. Danach ausrollen und in eine gefettete Tortenform legen, mit Puderzucker bestreuen. Mit geschälten Birnenhälften oder -vierteln belegen und im vorgeheizten Backrohr bei 200 °C 15 Minuten backen. Dann aus dem Ofen nehmen und abkühlen lassen.

Inzwischen 50 g Butter mit Schokolade schmelzen lassen. Das Ei mit dem Zucker schaumig rühren, die geschmolzene Schokolade vorsichtig dazugeben. Anschließend das Wasser, das Mehl (am besten sieben) und Vanillezucker unterrühren. Diese Masse über die Birnen auf dem vorgebackenen Kuchen geben. Den Kuchen zurück in den Ofen stellen und in 15 Minuten fertig backen.

Aus dem dritten Buch „Egerländer Küche"

Egerländer Gänsehals

1 Gänsehals
FÜLLUNG: Gänseklein • Speck
1 Ei • 1 eingeweichte Semmel
Salz • Pfeffer

☛ Die Haut vom Gänsehals abziehen, ohne sie dabei zu beschädigen oder gar zu zerreißen. Hals von innen gut auswaschen und austrocknen.

Abgelöstes und ausgelöstes Fleisch vom Gänseklein fein schneiden. Etwa genau die gleiche Menge Speckfett ganz fein schneiden, dazu das Ei und die gut ausgedrückte Semmel geben, mit Salz und Pfeffer würzen. Man kann auch eine Tasse feingewiegte Pilze unterkneten.

Postkarte „Gruß aus dem Egerlande. Spinnstube“

Alles in den Hals stopfen. Aber nicht zu viel, weil sonst die Haut beim Garen platzt.

Die Enden zunähen oder fest zubinden. In einer Fleischbrühe oder Salzwasser, das nicht kocht, mindestens zwei Stunden garziehen.

Den abgekühlten Hals zwischen zwei Holzbrettchen geben, gut zusammenbinden und dann in den Keller zum Auskühlen legen. Am nächsten Tag kann man dann den gefüllten Gänsehals wunderbar aufschneiden.

Egerländer Gänseklein

☛ Das Gänseklein (Hals, Flügel, Kopf, Magen, Herz) mindestens 2 bis 3 Stunden in einer Gemüsebrühe (Sellerie, Möhre, Zwiebel, Pfefferkörner, Salz, Lorbeerblätter) köcheln.

Alles durch ein Haarsieb geben. Das Fleisch vom Knochen ablösen und mit einem schweren Messer fein wiegen. Die Brühe mit einer Einbrenne aus Butter und Mehl sämig kochen, das Fleisch wieder hineingeben.

Familie Zorn, um 1900

Kunstwerke aus Zucker – Frieda Aehles Erinnerungen an Reichenberg

„Ein Wandschoner gehörte in jede deutsche Küche. Auch in Reichenberg! Darauf war gestickt: „Eigener Herd ist Goldes wert". Im Sinne von: Ein eigener Haushalt ist sehr wertvoll, ein eigener Hausstand ist etwas sehr Erstrebenswertes oder einfach: zu Hause ist es am Schönsten. Meine Mutter hatte einen und meine Großmutter auch. Meinen habe ich abgehängt und mit in den Koffer gepackt, als wir fliehen mussten", erzählte Frieda Aehle ihrer Nichte, als sie sich später an ihre Lebensjahre in Reichenberg erinnerte. Frieda Aehle (1911–1967) entstammte der alten Konditorfamilie Zorn aus Halle an der Saale.

Ihre Großeltern hatten mehrere Kaffeehäuser mit Konditorei in Halle an der Saale. Friedas Mutter Käthe (1875–1935)

Konditorei und Kaffeehaus Zorn, Halle/Saale

lief schon als kleines Mädchen den Herren mit den hohen weißen Konditormützen zwischen den langen Beinen herum. So manche Creme wurde von der Kleinen begutachtet, verkostet und mancher ausgeleckte Schlagcremekessel verursachte ihr Bauchschmerzen.

Bis 1890 besuchte Käthe Zorn die Volksschule, dann begann sie eine Konditorlehre bei einem Innungsmeister. Nach der Konditorlehre arbeitete sie in verschiedenen großen Hotels als Küchenkonditorin und lernte zauberhafte große Torten für kalte Büfetts herzustellen. Sie arbeitete vier Jahre als Hilfe beim Chef-Patissier (Küchenkonditor) Michael Hobmair im Kaiserin-Augusta-Victoria-Kurhaus in Berchtesgaden. Bald konnte sie eigenständig ganze Häuser, Burgen und Schlösser aus Zuckerguss herstellen.

Als um 1900 in Reichenberg große Betriebe entstanden, zogen viele Mitglieder der Familie Zorn dorthin. Ein Teil kam 1910 wieder zurück nach Halle, die Familie von Käthe Zorn blieb in Reichenberg, denn sie hatten mit dem um 1900 dort er-

Reichenberg, Bismarckplatz Hotel und Café 1. Ranges „Schienhof"

öffneten Kaffeehaus mit Konditorei großen Erfolg.

1911 kehrte auch Käthe von ihrer „Wanderschaft" zurück nach Reichenberg. Sie bekam ihre einzige Tochter Frieda.

Seit 1903 schrieb Käthe Zorn an einem Kunstbackbuch. Es enthielt u.a. das Rezept für das Backwerk Schloss Neuschwanstein. Mit diesem Kunstwerk aus gezogenem und geblasenem Zucker beteiligte sich die damals 50-Jährige als fast älteste Teilnehmerin 1925 an der Internationalen Ausstellung für Kochkunst, Hotel- und Gastwirtschaftsgewerbe in Frankfurt am Main. Sie gewann einen Sonderpreis. Einen Verleger oder gar Gönner, der sich für ihr Kunstbackbuch interessierte, fand sie leider nicht.

1934 beendete ihre Tochter Frieda die Kochausbildung. 1935 verstarb Käthe Zorn an einer nicht ernst genommenen Erkältung. So konnte sie die Hochzeit ihrer Tochter nicht mehr erleben. Im Mai 1937 heiratete Frieda den Kellner Otto Aehle. Nach seinem Weggang an die Front übernahm Frieda Aehle seine Arbeit als Kellnerin im Reichenberger Ratskeller. Otto Aehle wurde bei Minsk vermisst und seine Frau ging 1945 mit allen Sudetendeutschen den Weg der Vertreibung.

In Halle, wohin Frieda sich durchschlug, lebte nur noch eine Nichte, alle anderen Mitglieder der Familie Zorn waren verstorben. In der Süßwarenbranche in Halle fand die aus einer Konditorfamilie stammende Frieda einen guten Job. 1957 kehrte Otto Aehle plötzlich zurück und sie eröffneten ein kleines Café in Markkleeberg bei Leipzig. 1967 starb Frieda Aehle, das Kunstbackbüchlein ihrer Mutter kam in den Besitz der Familie Zorn in Saalburg.

Aus dem von Frieda Aehle geschriebenen allgemeinen Koch- und Backbuch stammen nachfolgende Rezepte.

Rinderbraten nach Reichenberger Art – 1930

1 kg Rinderbraten (Rinderbug, durchwachsen)
1 große Zwiebel • Öl
Paprika, Pfeffer, Salz nach Geschmack
1 l Rinderbrühe • 100 g getrocknete Tomaten
50 g getrocknete Waldpilze
1 Becher Sahne • 2 EL Mehl

☛ Die Zwiebel in Ringe schneiden. Das Fleisch in einer hohen Pfanne im heißen Öl von allen Seiten anbraten. Dann die Zwiebelringe zugeben und mitbraten.
Das Fleisch mit Salz, Paprika und Pfeffer bestreuen, die heiße Rinderbrühe mit Tomaten und Waldpilzen dazugeben und alles etwa eine Stunde köcheln lassen. Das Fleisch ab und zu wenden. Nach Ende der Garzeit das Fleisch herausnehmen und in Scheiben schneiden. Warm stellen.

Die Sahne mit dem Mehl verquirlen. Die Soße in der Pfanne pürieren und wieder zum Kochen bringen. Mit der Sahne binden und nach Geschmack salzen.

Rinderbratenscheiben mit Knödeln, Semmelknödeln oder Nudeln und viel Soße servieren.

Reichenberger Kartoffelgulasch

5–6 Kartoffeln • Schmalz zum Dünsten • 1 Zwiebel
Paprikapulver • Pfeffer • Majoran • Kümmel • Salz
400 g Fleischwurst oder Jagdwurst • 1–1,5 l Wasser
2 EL Mehl zum Andicken

☛ Die kleingeschnittenen, geschälten Kartoffeln in Schmalz anbraten. In einen hohen Topf die in Würfel geschnittene Zwiebel, mit Paprikapulver, Kümmel, Majoran und Pfeffer bedeckt sowie die kleingeschnittenen Kartoffeln geben. Gut umrühren. Das Wasser zugießen und zum Kochen bringen.

Die kleingeschnittene Wurst und etwas Salz dazugeben. Alles ca. 20 Minuten kochen lassen, bis die Kartoffeln weich sind. Das Mehl mit Wasser in einer Tasse verquirlen und die Suppe damit andicken. Falls nötig noch mit etwas Salz abschmecken.

Reichenberger Ratskellerspezialität

4 dünn geschnittene Schweineschnitzel
Salz und Pfeffer nach Geschmack • Schmalz zum Braten
1 Ei • Semmelmehl und Mehl zum Panieren
HÜLLE: 4 große Kartoffeln • 2 EL Weizenmehl • 2 Eier
Salz, Pfeffer und gemahlener Kümmel nach Geschmack!

☛ Die Schnitzel plattieren, panieren und anbraten. Warm stellen, aber nicht zudecken!

Nun die Kartoffelmasse herstellen. Dafür die Kartoffeln schälen, reiben und mit Mehl bestäuben, 2 Eier daran quirlen und nach Geschmack würzen. Die Masse in etwa acht gleich große Teile teilen.

Eine Pfanne auf den Herd stellen, pro Schnitzel einen Teil Kartoffelmasse hineingeben, etwas stocken lassen, ein heißes Schnitzel vorsichtig darauf legen und einen zweiten Teil Kartoffelpuffermasse langsam mit dem Heber über das Schnitzel geben. Vorsichtig wenden, anstocken lassen und warm stellen. Nun die übrigen drei Schnitzel ebenso mit der Kartoffelmasse umhüllen.

Zu dieser Spezialität gab es frischen Salat und Schupfnudeln, die in viel Butter geschwenkt wurden.

TIPP: Es wurde mir erzählt, dass man die Schnitzel auch mit Majoran würzen und dass die Kartoffelpuffermasse statt mit Kartoffeln auch mit Kohlrabi oder gar Möhren zubereitet werden kann.

Reichenberg, Rathaus und Ratskeller

Reichenberg, Volksgarten Reichenberg, Ortsansicht

Pilzfleckerln nach Reichenberger Art

3 Handvoll getrocknete Pilze • 2 Zwiebeln • 2 EL Schmalz
Kümmel • Salz • Pfeffer • 2 Eier
NUDELFLECKE: 3 Eier • 300 g Mehl

☛ Flecken sind eine tschechische Nudelvariante, die man sehr gut überbacken kann.

Aus Mehl und Eiern einen Nudelteig zubereiten. Der Teig muss zugedeckt 1 Stunde ruhen. Auf einem Brett den Teig in fünf Stücke teilen. Jedes Stück mit der Teigrolle dünn ausrollen. Auf einem Küchentuch den ausgerollten Teig etwa eine halbe Stunde trocknen lassen. Dann auf dem Brett aus dem Teig kleine Quadrate (etwa 1 × 1 cm) schneiden. Die Flecken fertig trocknen lassen und in einer Dose aufbewahren oder sofort in Salzwasser kochen.

Für die Pilzfleckerln die Pilze in etwas Wasser einweichen, sodass sie ganz bedeckt sind. Die Zwiebeln klein schneiden und in Schmalz anbraten. Pilze mit dem Einweichwasser dazugeben. Mit Salz, Pfeffer und Kümmel bestreuen und langsam gar dünsten Falls die Pilze zu groß sind, etwas klein schneiden.

Dünsten, bis die Pilze weich sind und kein Wasser mehr vorhanden ist. Die fertigen Pilze mit den gekochten Flecken und den Eiern vermischen und im Ofen bei 200 °C etwa 15 bis 20 Minuten überbacken.

Die Mutter mit ihren beiden Söhnen, um 1940

Hausküche von Familie Görlach aus Gablonz an der Neisse

In Kaufbeuren entstand bereits Anfang der 1950er Jahre der Stadtteil „Neugablonz", wo sich Heimatvertriebene aus Gablonz an der Neiße und Umgebung mit Fleiß und Tatkraft eine neue Heimat erbauten. Dank ihres Könnens lebten die „Gablonzer Schmuckindustrie" oder das Bäcker- und Fleischerhandwerk weiter. Und es lebten auch ihre Erinnerungen weiter – sei es im Heimatkreis, im „Gablonzer Haus" mit seinem Isergebirgsmuseum, in der Herz-Jesu-Kirche und in vielen anderen Hinweisen wie Platz- und Straßennamen blieb die alte Heimat in den Herzen der Menschen verwurzelt. Seit 2009 besteht eine Städtepartnerschaft zwischen Gablonz und Kaufbeuren.

Hier in Neugablonz fand auch die Familie Görlach nach der Vertreibung eine neue Heimat.

–※ Oskar und Gertrud Görlach, um 1955 ※–

–※ Der Schmuckbetrieb im Winter 1947 ※–

Gertrud Trescher wurde am 8. September 1906 in Unter-Polaun bei Gablonz a.d. Neiße (heute tschechisch Jablonec nad Nisou) geboren. Sie wohnte mit ihren Eltern dann in Gablonz in der Lange Gasse 68. Später kaufte ihr Vater das Haus auf dem Neuen Markt Nr. 3, zu dem auch das Haus in der Kleinen Rathausgasse Nr. 6 gehörte. Bereits mit 10 Jahren verlor Gertrud Trescher ihre Mutter und wurde von ihrer Großmutter erzogen.

Später heiratete sie den Gürtler Oskar Görlach, mit dem sie in die Herbstgasse 49 zog. Hier hatten sie einen kleinen Betrieb für Schmuckwarenherstellung. 1930 wurde ihr erster Sohn Eduard geboren, 1933 der zweite Sohn Günther. Am 25. Oktober 1948 musste die Familie Gablonz verlassen, sie durften ihr gesamtes Eigentum mitnehmen. Über Linz (Österreich) und Allach kamen sie im Januar 1949 nach Kaufbeuren. Sechs Wochen lang lebte die Familie in Baracke 5 im Lager Riederloh, danach in der Sudetenstraße 114 auf nur 45 Quadratmetern – erst 1953 bekamen sie eine Wohnung im Erlenweg 6. 1965 bauten sie ein Haus in der Marschowitzstraße.

Bald hatte Oskar Görlach zusammen mit seinem Bruder wieder eine Schmuckproduktion aufgebaut, die zunächst auch florierte. Die Söhne heirateten und schenkten Gertrud Görlach vier Enkelkinder, die sie mit ihren traditionellen Gerichten verwöhnte. Einige Beispielrezepte zu ihrer guten Hausküche finden sich auf den nachfolgenden Seiten.

Gertrud Görlach starb am 22. April 1969 und wurde neben ihrem Mann auf dem Neugablonzer Friedhof beigesetzt.

Die beliebten Gablonzer Husarenkrapfen

300 g Mehl • 80 g gemahlene Haselnüsse
100 g Zucker • 1 Pck. Vanillezucker
2 Eigelb • 200 g kalte Butter
100 g Johannisbeergelee • Puderzucker zum Bestäuben

☛ Mehl, gemahlene Haselnüsse, Zucker und Vanillezucker mischen, kalte Butter und die zwei Eigelb zugeben. Alles rasch zu einem glatten Teig kneten. Den Teig mindestens 1 Stunde in den Kühlschrank stellen. Anschließend ca. 2 cm große Kugeln formen und auf ein mit Backpapier belegtes Blech geben. Mit einem Kochlöffelstiel in jede Kugel eine Mulde drücken. In diese Vertiefungen das Johannisbeergelee spritzen. Die Plätzchen bei 180 °C ca. 15 Minuten backen. Nach dem Erkalten Puderzucker über die Husarenkrapfen sieben.

Kakaotorte nach Görlachs Art

300 g Mehl • 250 g Zucker • 150 g Öl • 350 ml Milch
2 Eier • 1 Pck. Vanillezucker • 1 Pck. Backpulver
JE NACH GESCHMACK: Kuvertüre zum Bestreichen oder
Kakaopulver bzw. Puderzucker zum Bestreuen

☛ Alle Zutaten vermischen, in eine Springform geben und im vorgeheizten Backofen bei 180 °C 40 bis 50 Minuten backen. Danach kann die abgekühlte Torte mit Puderzucker oder Kakaopulver besiebt oder mit Kuvertüre bestrichen werden.

Vanille-Bretzchen
(Originalbezeichnung)

1 Vanilleschote • 300 g Mehl • 250 g Puderzucker • 1 Pck. Vanillezucker
150 g weiche Butter • 1 Eigelb • 2 EL Sahne • 1 EL Rum
nach Belieben Hagelzucker

☛ Die Vanilleschote anritzen und das Mark ausschaben. Mit Mehl, 100 g Puderzucker, Vanillezucker, gewürfelter Butter, Eigelb und Sahne glatt verkneten. Den Teig ca. 30 Minuten kühlen.

Den Backofen auf 175 °C vorheizen. Den Teig auf einer bemehlten Fläche zu dünnen Rollen formen und diese zu Brezeln winden. Auf mit Backpapier belegten Blechen ca. 12 Minuten backen, dann abkühlen lassen. Die übrigen 150 g Puderzucker mit dem Rum verrühren und die Brezeln damit bestreichen. Nach Belieben mit Hagelzucker verzieren.

Rosenkrapfen
(für ca. 15 Stück)

200 g Weizenmehl • 3 Eigelb
4 EL Sauerrahm • 1 Msp. Backpulver • 1 EL Zucker
Zum Bestreichen: Eiklar
Zum Ausbacken: Butter oder Schmalz
Zum Garnieren: Erdbeer- oder eine andere rote Marmelade
Staubzucker oder Zimt-Zucker-Gemisch

☛ Aus Mehl, Eigelb, Sauerrahm, Backpulver und Zucker einen mürben Teig bereiten und eine Stunde kühl rasten lassen. Den Teig auswalken und zusammenschlagen. Dreimal wiederholen, nochmals rasten lassen. Teig auswalken, drei Scheiben in verschiedener Größe ausstechen und in jede Scheibe fünf Einschnitte vom Rand zur Mitte machen. In der Mitte jeweils mit etwas Eiklar bestreichen, die Scheiben zusammendrücken, mit der kleinsten nach unten ins heiße Fett legen und backen.

Nach dem Backen in die Mitte der Krapfen etwas Marmelade geben, mit Staubzucker oder Zimt-Zucker-Gemisch bestreuen. Die Krapfen sehen wie gebackene Rosenblüten aus.

Gablonzer Spitzbuben

250 g Butter oder Margarine • 125 g Puderzucker oder Zucker
2 TL Vanillezucker • 1 Prise Salz • 1 Eiweiß, leicht verklopft
350 g Mehl • 200 g Gelee (Johannisbeeren/Quitten) oder
Konfitüre (Hagebutten/Orangen)

☛ Butter oder Margarine in einer Schüssel weich rühren, Puderzucker oder Zucker, Vanillezucker und Salz beigeben, rühren, bis die Masse hell ist. Das Eiweiß unterheben. Mehl dazugeben und alles zu einem weichen Teig rühren. Zugedeckt ca. 1 Stunde kühl stellen.

Teig ca. 30 Minuten vor dem Auswallen aus dem Kühlschrank nehmen. Portionsweise zwischen einem aufgeschnittenen Plastikbeutel 2 mm dick auswallen. Runde Plätzchen von ca. 4 bis 5 cm Durchmesser (oder bei Mini-Spitzbuben 2 cm Durchmesser) ausstechen. Bei der Hälfte der Plätzchen mit einem kleineren Förmchen die Mitte ausstechen, auf ein mit Backpapier belegtes Blech legen, ca. 15 Minuten kühl stellen. 6 bis 8 Minuten auf der mittleren Schiene des auf 200 °C vorgeheizten Ofens backen.

Gelee oder Konfitüre auf die flache Seite der Plätzchen streichen und den mit wenig Puderzucker bestäubten Deckel aufsetzen.

Gablonzer Kuttelflecken-Ragout

(Originaltext)

Kuttelflecken sind zum Verzehr gedachte Fleischstreifen aus dem Magen von Wiederkäuern (Rindermagen).

Schöne weiße Kuttelflecke müssen rein geputzt und im Wasser aufgekocht werden, dann Wasser abgießen. Dann lässt man sie in einer starken Gemüsebrühe köcheln, bis sie schön weich sind, nimmt sie dann heraus und schneidet sie länglich wie Nudeln. Dann kocht man die Sauce in einem Tiegel oder Kasserolle mit frischer Butter, einer fein geschnittenen Zwiebel und einem Löffel voll Mehl, lässt dies dünsten, füllt mit der Kuttelflecken-Fleischbrühe auf, und lässt die Sauce kochen, gibt die Kuttelflecke hinein, und kocht das Ganze damit kurz ein. Vor dem Anrichten legiere man es mit 3 Eidottern und etwas Sahne, drückt den Saft von einer Zitrone dazu. Dazu gab es oft Kartoffelklöße.

Gablonz (Jablonec), Theater und katholische Kirche

Gablonz (Jablonec), Café Habsburg und Blick auf die Talsperre

Mutters Semmelsuppe

(Originaltext, für 4 Portionen)

2 Semmeln, alt und fest • 20 g Butter
1 l Gemüse- oder Rinderbrühe (auch Instant) • 1 Prise Salz (Meersalz fein)
1 Prise schwarzer Pfeffer aus der Mühle • ½ TL Majoran • 1 Eigelb

☛ Die kleingeschnittenen Semmeln werden in der Butter leicht gebräunt. Die Brühe, am besten schmeckt es mit einer selbstgekochten Rinderbrühe, dazugeben und die Semmeln weich kochen.

Da die Fertig-Fonds aber mittlerweile sehr gut sind, kann man diese auch dafür verwenden. Es geht dann auch viel schneller. Anschließend die Suppe durch ein Sieb streichen. Mit Salz, Pfeffer und Majoran würzen. Das Eigelb aufschlagen und in die nicht mehr kochende Suppe einrühren.

Hochzeitsgesellschaft in Spindlermühle 1912

Alois Zepnick aus Spindlermühle und das Familienkochbuch

1823 kamen Franz Troste (1784–1863) und seine junge Frau Adelheit Troste, geb. Jungmann (1802–1892) aus dem fränkischen Hof ins Riesengebirge nach Spindlermühle (Špindlerův Mlýn). Zu der Zeit wurden Holzfäller und andere Handwerker im Riesengebirge gesucht, so fand die junge Familie (Heirat 1821) Arbeit in einer Holzschneidemühle. Beide merkten aber bald, dass es nicht die Tätigkeit war, die sie gewollt hatten, so übernahmen sie 1825 eine kleine Pension für Sommerfrischler nahe der Stadt Spindlermühle.

1830 wurde der einzige Sohn Rudolf (1830–1920) geboren. Er besuchte die Volksschule und dann eine Handelsschule in Prag. Rudolf arbeitete als Buchhalter eines großen Cafés in Prag und spielte nebenbei noch Geige in einem Salonorchester. 1863 starb der Vater und die Mutter rief Rudolf heim. 1867 heiratete Rudolf Troste die Lehrertochter Hildegard Weigelt (1828–1909) aus der Nachbarschaft. Beide übernahmen die kleine Pension und Hildegard führte das Rezeptbuch der Schwiegermutter weiter.

Hildegard Troste konnte keine Kinder bekommen. So nahm das kinderlose Paar 1893 von Herzen gern den dreijährigen Alois Zepnick aus Prag, der seit zwei Jahren mit seinen Eltern im Sommerurlaub in ihrer Pension wohnte, nach dem Unfalltod seiner Eltern an Kindes statt an. Sie ermöglichten Alois eine sehr gute Schul- und Studienausbildung. Den Ersten Weltkrieg überlebte Alois, der Medizin studiert hatte, als Lazarettarzt.

1912 nach dem Tod seiner Hildegard nahm Rudolf Troste die 50 Jahre jüngere Frieda Wollweber aus Chemnitz zur Frau, die er über eine Zeitungsannonce kennen gelernt hatte. Die gelernte Kellnerin und Buchhalterin führte das Rezeptbuch mit eigenen Eintragungen weiter. Dieses Buch ist bis heute im Familienbesitz der Zepnicks.

1920 kehrte der nun 30-jährige Alois Zepnick heim und verliebte sich in die Frau seines Pflegevaters. Nach dessen Tod heiratete er Frieda Troste (1880–1961). Der gemeinsame Sohn Friedrich wurde 1922 geboren.

Alois Zepnick arbeitete als Krankenpfleger in einem Krankenhaus in Spindlermühle. Der studierte Arzt konnte seinen eigentlichen Beruf nie wieder ausüben, zu sehr hatten ihn die Kriegserlebnisse geprägt. Die Familie Zepnick verließ 1937 das Riesengebirge, weil die Eltern Wollweber der einzigen Tochter Frieda eine kleine Lebensmittelhandlung in Kirchberg (Sachsen) hinterlassen hatten. 1941 wurde Alois Zepnick in ein Lazarett nach Gotha verpflichtet. Man kaufte in Finsterbergen (nicht weit von Gotha) ein kleines Grundstück, auf dem ein bescheidenes Holzhäuschen gebaut wurde, das sie bis 1943 zu dritt bewohnten. Dann musste Sohn Friedrich an die Ostfront und geriet in russische Gefangenschaft. Im Kohlebergbau im Donezbecken schuftete er sich fast zu Tode, bis er 1950 endlich heim durfte. Dank der aufopferungsvollen und fachmännischen Pflege durch den Vater wurde Friedrich wieder vollkommen gesund.

1952 begann Friedrich in Mühlhausen ein Lehrerstudium und unterrichtete ab 1959 an einer Gothaer Schule. 1962 heiratete er seine Studienkollegin Rosi Becher. Der verwitwete Vater nahm seinem Sohn übel, dass er sich mit den neuen Verhältnissen so gut identifizierte und zog sich mehr und mehr zurück. Bald hatte man kaum noch Kontakt. Die Einzige, die er noch ins Haus ließ, war seine Schwiegertochter Rosi. Um ihm eine Freude zu machen, kochte sie die Lieblingsgerichte der Familie Troste aus dem alten handgeschriebenen Kochbuch und brachte sie ihm nach Finsterbergen.

Der alte Mann litt unter der Einsamkeit und suchte Kontakt zu sudetendeutschen Leidensgenossen, mit denen er die alten Lieder singen und über die Vergangenheit sprechen konnte.

Alois Zepnick hielt auch die DDR für einen Unrechtsstaat und meinte, dass jedes Land seine Bürger betrog.

Friedrich Zepnick wollte damals seinen Vater nicht verstehen, obwohl er ahnte, dass der Vater in gewisser Weise Recht hatte. Vater und Sohn konnten ihre Meinungen nicht unter einen Hut bringen und so nahm die Entfremdung immer mehr zu. Bald redeten sie gar nicht mehr miteinander, nur die diplomatische Schwiegertochter vermittelte hin und wieder und versuchte die Harmonie, die längst keine mehr war, aufrecht zu erhalten. Der über Neunzigjährige ließ schließlich niemanden mehr auf sein Grundstück, nicht mal die Schwiegertochter. Er starb völlig vereinsamt und unbeachtet.

Heute ist Friedrich Zepnick, nun selbst schon Rentner, fast der Ansicht seines Vaters. Er meint wie viele aus seiner Generation, dass man sich ganz schön missbrauchen lassen habe. Als er mit seiner Frau im Jahr 2000 das baufällige Häuschen in Finsterbergen ausräumte, weil es verkauft werden sollte, entdeckten sie einen alten Koffer voller Hinterlassenschaften aus einer längst vergessenen Zeit. Mit belegter Stimme erzählte Friedrich Zepnick, dass in dem Koffer auch die Tagebücher seines Vaters lagen. Nachdem er sie gelesen hatte, konnte er die Einstellung seines Vaters nachvollziehen.

Alois Zepnick beschrieb darin die glückliche Zeit der Kindheit, aber auch furchtbare Erlebnisse im Ersten Weltkrieg. Mit schonungsloser Offenheit hat er die Anzahl der gefolterten, gequälten Menschen notiert, die Zahl jener, die der Krieg körperlich zu Krüppeln machte.

Spindlermühle/Riesengebirge

Sein Verhältnis zur DDR wurde schwer beschädigt, als die Stasi 1969 einen der ehemaligen tschechischen Nachbarn, mit dem Alois Zepnick sich 1944 in Gotha angefreundet hatte, einsperrte. Und nur, weil er nicht mehr ganz nüchtern in einer Kneipe nach dem Putsch in der Tschechoslowakei Freiheit für sein Volk gefordert hatte. Er hat ihn ein paar Mal im Gefängnis Untermaßfeld bei Meiningen besucht.

Die Zeit überdauert haben in dem alten Koffer aber auch das Handkochbuch der Frauen Troste bzw. Zepnick aus drei Generationen. Es ist besonders interessant, weil die Aufzeichnungen schon 1856 im Riesengebirge beginnen.

Hochzeitssuppe von 1912 – Spindlermühle

600 g Kartoffeln • 1 l Hühnerbrühe • 100 ml Sahne
je 1 Prise Salz und Pfeffer • 150 g Steinpilze
1 EL Rapsöl • 1 Bund Schnittlauch

☛ Mehlig kochende Kartoffeln waschen, schälen, in Würfel schneiden und in der heißen Hühnerbrühe in ca. 25 Minuten weich kochen. Dann pürieren, Sahne unterheben und einmal kurz aufkochen lassen. Anschließend mit Salz und Pfeffer würzen.

Pilze putzen, in feine Scheiben schneiden und in heißem Öl kurz anbraten. Vor dem Servieren auf die Suppe geben. Den Schnittlauch waschen, in feine Ringe schneiden und ebenfalls über die Suppe streuen.

Karpfen in Bierteig mit Kartoffelsalat um 1900

Kartoffelsalat: 1 kg Kartoffeln, festkochend • 1 Bund Lauchzwiebel
1 Bund Radieschen • 200 ml Gemüsebrühe • 1 Prise Zucker • Salz
½ TL weißer Pfeffer • 4 EL Essig • 3 EL Öl • 100 g durchwachsener Speck
1 Bund Schnittlauch • 100 g Feldsalat frisch
Karpfen in Bierteig: 200 g Mehl • 200 ml Bier • 2 Eier
170 g Butterschmalz • 1,2 kg Karpfen, küchenfertig • Salz • Pfeffer

☛ Für den Salat Pellkartoffeln kochen, pellen und in Scheiben schneiden. Die Lauchzwiebeln putzen, waschen und in feine Ringe, die gewaschenen Radieschen in Scheiben schneiden.

Die Gemüsebrühe erhitzen, Salz, Pfeffer, eine Prise Zucker, Essig und Öl zugeben. Den Speck in feine Würfel schneiden und in einer Pfanne knusprig anbraten. Kartoffelscheiben, Lauchzwiebeln und Radieschen in eine Schüssel geben und mit der Marinade übergießen. Den Speck und den in Röllchen geschnittenen Schnittlauch zugeben und alles vorsichtig mischen. Ziehen lassen. Gewaschene Feldsalatblättchen erst kurz vor dem Servieren unterheben.

Für den Bierteig 150 g Mehl, das Bier, 2 Eigelb und 1 Prise Salz mit 20 g flüssigem Butterschmalz verquirlen. Die 2 steifgeschlagenen Eiweiß unterheben. Den Teig ca. 20 Minuten quellen lassen. In der Zwischenzeit den Karpfen gründlich waschen, in Scheiben schneiden, salzen und pfeffern. Die Karpfenstücke in 50 g Mehl wenden und vorsichtig mit zwei Gabeln in den Bierteig tauchen, abtropfen lassen und in 150 g Butterschmalz goldbraun ausbacken. Die ausgebackenen Scheiben auf Küchenkrepp abtropfen. Die Karpfenstücke mit Kartoffelsalat servieren.

Apfelpudding nach Frieda Zepnick um 1930

1 Packung Löffelbiskuits oder Butterkekse
5 mittelgroße Äpfel • Saft von 1 Zitrone • ca. 250 ml Wasser
2 Päckchen Vanillepuddingpulver • 5 EL Zucker

☛ Die Löffelbiskuits in eine Tortenform legen. Die kleingeschnittenen Äpfel zusammen mit etwas Wasser und dem Zitronensaft pürieren. Zu dem Apfelpüree so viel Wasser geben, bis ungefähr 1 Liter Püree vorhanden ist. Das Apfelpüree zusammen mit dem Puddingpulver und dem Zucker mischen. Daraus einen dicken Pudding kochen. Die Masse gleichmäßig über die Biskuits gießen. Den Apfelpudding zum Abkühlen und Festwerden ca. 2–3 Stunden in den Kühlschrank stellen. Dann den Pudding anschneiden und mit Sahne servieren.

Knödel nach Familie Zepnick um 1930

325 g Mehl • 2 Eier • 5 g Hefe • 125 ml Milch
3 Semmeln • 1 kleine Zwiebel • 40 g Butter • 1 Prise Salz
1 Hand voll Petersilie

☛ Mehl mit Eiern, Hefe und Milch verrühren. Gut schlagen und zugedeckt 30 Minuten ruhen lassen. Semmeln und Zwiebel würfeln, in heißer Butter leicht anrösten. Mit Petersilie und Salz zum Teig geben, alles gut durchkneten. Auf einer bemehlten Fläche eine dicke Rolle formen. Diese in leicht kochendem Salzwasser garziehen lassen. Nach ca. 15 Minuten die Knödel-Rolle wenden. Vor dem Servieren in dicke Scheiben schneiden.

Knödel sind eine beliebte Beilage zu Gulasch, Schweinebraten, Rinderbraten oder Sauerbraten.

Postkarte: Gruß aus dem Riesengebirge, Spindelmühle i.B.

Familie Zepnicks Pflaumenknödel

250 g Magerquark • 220 g Mehl • 50 g flüssige Butter
1 Ei • 1 Prise Salz • 30 mittelgroße Pflaumen

☛ Alle Zutaten (ohne die Pflaumen) mischen, verkneten und flach ausrollen. Aus dem ausgerollten Teig Quadrate (ca. 10 × 10 cm) schneiden bzw. ausradeln. Jeweils eine entsteinte Pflaume darauf legen und zu Klößen formen.

Klöße in siedendem Salzwasser ziehen lassen, bis sie an die Oberfläche steigen. Pflaumenknödel mit Zimt, Zucker und nach Belieben mit gebräunter Butter genießen.

Familie Patzelt vor der „Patzelt-Schmiede“ Nr. 120 in Mohren, um 1936

Margarete Schäfer erinnert an die „Patzelt-Schmiede“ in Mohren

Im schönen Riesengebirge, in Weigelsdorf, einer Gemeinde im Landkreis Trautenau, verlebte Margarete Schäfer die ersten vier Jahre ihrer Kindheit.

Margarete Schäfers Großeltern Anna und Wilhelm Patzelt führten in Mohren um 1900 bis zur Vertreibung eine Schmiedewerkstätte, weithin bekannt als „Patzelt-Schmiede“. Anna Patzelt (1875–1968) war eigentlich gelernte Köchin. Sie begann 1905 ein Familienkochbuch zu schreiben, aus dem auch die Rezepte dieses Kapitels stammen.

Als Wilhelm Patzelt im Ersten Weltkrieg kämpfen musste, hielt sie die Schmiede ganz allein am Laufen und kümmerte sich obendrein um die Kinderschar. Denn das Ehepaar, das sich bis ins hohe Alter innig liebte, hatte sieben Kinder. Eine ihrer Töchter war Margarete, 1907 in Mohren im Haus Nr. 120 – der Patzelt-Schmiede – geboren. Margarete erlernte nach dem Besuch der Volksschule ihren Traumberuf Schneiderin. Sie heiratete den Buchhalter Franz Haase – einen hochintelligenten Burschen, der mehrere Klassen in der Schule übersprang und perfekt tschechisch und deutsch sprechen konnte. Das Ehepaar lebte in Weigelsdorf, wo 1941 auch die Tochter geboren wurde. Sie bekam den Namen der Mutter: Margarete, von den Eltern und Großeltern zärtlich Gretel gerufen.

Die erwachsene Margarete erinnert sich noch heute gern an die Wanderungen mit den Eltern und Großeltern. Sie vermittelten ihr die Liebe zur Natur als Quelle der Kraft und Besinnung. „Wenn du eins bist mit der Natur, wirst du dich nie einsam oder schwach fühlen“, sagten sie ihr oft. Und in schweren Zeiten hat ihr dieses Gefühl sehr geholfen.

Schlimme Erinnerungen hat Margarete Schäfer an die Vertreibung, obwohl sie damals erst vier Jahre alt war.

Im August 1945 musste sie mit ihrer Mutter die Wohnung in Weigelsdorf innerhalb von 20 Minuten verlassen. Sie durften lediglich das mitnehmen, was sie auf dem Leib tragen konnten. Zusammen mit Verwandten kamen sie in ein Lager in Oberaltstadt in Trautenau.

Nach drei Wochen wurden sie nach Teplice transportiert, es folgten 20 Kilometer zu Fuß zur Grenze nach Zinnwald. Ohne Geld, Kleidung und Nahrung wurden die Menschen über die deutsche Grenze abgeschoben. Man hielt die Flüchtlinge drei Wochen in einem Lager in Geißen (Vogtland) fest. Als Nahrungsmittel auch für die Einheimischen knapp

Margarete Haase, um 1930

Margarete mit ihrer Tochter, 1946

wurden, setzte man die Vertriebenen in einen Zug nach Gera, wo sie zunächst in der Lutherschule unterkamen.

Der Großteil der Familie floh weiter nach München. Mutter und Tochter Haase wollten lieber in Gera bleiben. Die Mutter meinte, dass Gera doch eine schöne Stadt sei, sie hatte auch keine Kraft mehr noch weiter zu fahren. Die erste Zeit lebten sie in einem Aufnahmelager in Gera-Zwötzen. 1946 bekamen sie nach mehreren Umzügen endlich eine eigene Wohnung zugewiesen und fingen an, sich in der neuen Heimat einzurichten.

Der Vater, Franz Haase, wurde in einem Internierungslager festgehalten, aus dem ihm auf abenteuerliche Weise die Flucht gelang. Über die Oder-Neisse-Grenze schlug er sich nach Gera zu seiner Familie durch.

Die Großeltern verloren zwar ihre geliebte Schmiede, durften aber wenigstens bis zu ihrem Lebensende in der vertrauten Heimat bleiben. Ein kleines Holzhaus wurde ihr neues Heim und Wilhelm Patzelt bekam eine Arbeit als Schul-Hausmeister zugewiesen. So konnten Tochter und Enkelin sie später doch noch einige Male in der alten Heimat besuchen.

Margarete Schäfer wurde 1948 in die Lutherschule eingeschult. Ab 1956 besuchte sie die Erweiterte Oberschule mit Internat in Weida und ging danach zum Lehrerstudium nach Leipzig. Von 1966 bis zur Rente unterrichtete sie Deutsch und Russisch an verschiedenen Schulen in Gera. Auch ihre eigene Tochter Andrea arbeitet heute als Lehrerin.

Die Großeltern
Anna Patzelt (geb. Holdik, 1875–1968)
Wilhelm Patzelt (1875–1963), um 1960.

Margarete Schäfer erinnert sich gern an die Heimat ihrer Großeltern und Eltern. Sie bedauert, dass in der heutigen Zeit die menschlichen Werte immer mehr in den Hintergrund rücken. Um so mehr freut sie sich, wenn sie Menschen trifft, die noch gesellschaftliche Normen und gegenseitigen Respekt zu schätzen wissen und das auch bewusst leben.

Pflaumenmus-Buchteln Mohrener Art

250 g Mehl • 1 Ei
100 g Zucker • ¼ TL Salz
75 g Butter • 1 Würfel frische Hefe
450 ml Milch • 125 g Schlagsahne
1 Päckchen Soßenpulver „Vanille-Geschmack"
(für 250 ml Flüssigkeit, ohne Kochen)
1 Päckchen Vanillezucker
250 g Pflaumenmus
1 TL Puderzucker • Mehl für die Hände
Fett für die Form

☛ Für den Hefeteig Mehl, Ei, 75 g Zucker, Salz und 25 g Butter in Flöckchen in eine Rührschüssel geben. 125 ml Milch lauwarm erwärmen, von der Herdplatte ziehen, Hefe hineinbröseln und unter Rühren auflösen. Auf die Mehlmischung gießen und mit den Knethaken des Handrührgerätes zu einem glatten Teig verkneten. Zugedeckt an einem warmen Ort ca. 50 Minuten gehen lassen.

Inzwischen für die Soße 200 ml Milch, Schlagsahne, Soßenpulver und Vanillezucker in einen hohen Rührbecher geben und mit den Schneebesen des Handrührgerätes ca. 2 Minuten aufschlagen. Kalt stellen. Aus dem gegangenen Hefeteig mit bemehlten Händen eine Rolle formen, in 6 Scheiben schneiden. Jede Scheibe auf der bemehlten Handinnenfläche zu einem Kreis (ca. 10 cm Ø) flach drücken. Je einen gehäuften Teelöffel Pflaumenmus in die Mitte eines jeden Kreises geben, Ränder nach oben hin zu einer Kugel zusammendrücken. Mit der zusammengedruckten Seite nach unten in eine gefettete, ofenfeste Form setzen. Nochmals ca. 30 Minuten gehen lassen.

Inzwischen für den Guss die restliche Butter schmelzen, übrige Milch und Zucker zufügen. Über die gegangenen Buchteln gießen. Im vorgeheizten Backofen (E-Herd: 200 °C/ Umluft: 175 °C/ Gas: Stufe 3) 25 bis 30 Minuten backen. Eventuell nach der Hälfte der Backzeit zudecken. Buchteln aus dem Ofen nehmen, mit Puderzucker bestäuben und mit Vanillesoße anrichten.

Sommerferien bei den Großeltern in Mohren, 1959

Reisauflauf mit Äpfeln

250 g Milchreis • 1 l Milch • 100 g Zucker • 1 Prise Salz
abgeriebene Schale von ½ Zitrone • 500 g säuerliche Äpfel
100 g Rosinen • 1 TL Zimt • 4 EL Zucker
½ l Sahne oder Milch • 1 Ei • etwas Butter

☛ Den Reis waschen. Die Milch mit Zucker, Salz und abgeriebener Zitronenschale aufsetzen. Den Reis darin kochen und auf kleiner Stufe ca. 30 Minuten ausquellen lassen. Dabei ab und zu umrühren.

Inzwischen eine Auflaufform fetten. Die Äpfel waschen, schälen und klein schneiden. Mit den (evtl. in Rum eingelegten) Rosinen, Zimt und 1 EL Zucker mischen. Die Hälfte des Reisbreis in die Auflaufform füllen, die Apfelmischung darüber geben und den restlichen Reisbrei darauf verteilen.

Sahne oder Milch mit 3 EL Zucker und einem Ei verquirlen, darüber gießen und Butterflöckchen darauf verteilen. Bei 225 °C auf mittlerer Schiene ca. 40 Minuten überbacken. Mit Vanillesoße servieren. Der Reisauflauf kann auch wunderbar kalt gegessen werden!

Anna Patzelt (links) in Mohren Drei Generationen, Gera 1983

Heidelbeerauflauf

4 Semmeln • ½ l Milch • 4 Eier
100 g Butter • 120 g Zucker • 1 Pck. Vanillinzucker
300 g Heidelbeeren, frisch oder aus dem Glas
etwas Butter für die Form • 30 g Butter • 2 EL Zucker
80 g gehobelte Mandeln

☛ Semmeln würfeln, mit heißer Milch übergießen und 15 Minuten stehen lassen.

Die Eier trennen. Eiweiß steif schlagen. Butter, Zucker, Eigelb und Vanillinzucker schaumig schlagen und unter die Semmelmasse geben. Geschlagenes Eiweiß unterheben.

Auflaufform einfetten und die Hälfte der Semmelmasse hineingeben. Entweder die frischen Heidelbeeren oder die gut abgetropften Heidelbeeren darauf geben. Die restliche Semmelmasse darüber geben.

Butter zerlassen, Zucker und Mandeln untermischen (wer keine Nüsse mag oder essen darf, einfach weglassen) und über dem Auflauf verteilen. Im vorgeheizten Backofen bei 180 °C ca. 45 bis 50 Minuten zugedeckt backen. Mit Vanillesoße servieren.

Omas Apfelstrudel

(Zutaten für zwei kleine Strudel)

Für den Teig: 250 g Mehl • 1 TL Salz
125 ml lauwarmes Wasser • 1 TL Essig • 1 Ei • 2 EL Öl
Für die Füllung: 4 große Äpfel
50 g gehackte Mandeln • 50 g Rosinen • 2 EL Zucker
½ TL Zimt • 1 Becher Schmand (200 g)
8 EL zerlassene Butter • etwas Milch

☛ Mehl mit Salz in einer Schüssel vermischen, eine Mulde hineindrücken. Lauwarmes Wasser mit Essig, Ei und Öl verquirlen und in die Mulde gießen. Alles vermischen. Den Teig 10 Minuten kneten. Teig zu einer Kugel formen, mit Öl bepinseln und in der Rührschüssel 30 bis 60 Minuten ruhen lassen.

Den Teig halbieren, zu einem Rechteck ausrollen, dann über den Handrücken ziehen und dehnen. 10 Minuten antrocknen lassen. Den Teig mit 3 EL flüssiger Butter bestreichen. Ergibt zwei kleine Strudel.

Die Äpfel vierteln, schälen, das Kerngehäuse entfernen und klein würfeln. Mit den Mandeln, Rosinen, Zucker und Zimt vermengen. Auf die Strudel den Schmand verstreichen, die Füllung gleichmäßig auf dem vorderen Teigviertel verteilen. Die Strudel aufrollen. Eine Backpfanne mit Butter ausfetten, den ersten Strudel hineinsetzen und mit 5 EL flüssiger Butter bestreichen. Im vorgeheizten Backofen bei 220 °C ca. 25 Minuten backen. 10 Minuten vor dem Backende den Strudel mit etwas Milch übergießen, damit wird der Strudel richtig saftig. Den zweiten Strudel ebenso backen.

Die ehemalige Patzelt-Schmiede – jetzt Feriendomizil, um 2008

Hochzeit Wilhelm und Marie Heider, geb. Schneider, 1928

Der Gasthof Heider in Petersdorf an der Bischofskoppe

Petersdorf (heute tschechisch Petrovice ve Slezsku/Kreis Bruntal) liegt im Zuckmanteler Bergland, etwa 2 km südlich der bekannten Bischofskoppe, über deren Gipfel die tschechisch-polnische Grenze verläuft.

Das Dorf wurde erstmals 1267 erwähnt. Von 1938 bis 1945 gehörte es zum Landkreis Jägerndorf, Sudetenland. Heute leben auch aufgrund der Vertreibung nur noch rund 150 Menschen hier.

In den 1930er Jahren warb die Gemeinde Petersdorf mit einem recht ansprechenden Prospekt um Sommerfrischler, die ihren Urlaub im reizvollsten Teil des Peterbachtales verbringen sollten. Der

Sommerfrischler in Petersdorf, 1934

Karl Heider mit Schwester Frieda, 1930

rings von Bergen umgebene Ort preist darin seine schöne Lage sowie die reine gute Luft und lädt Wanderer, Sommerfrischler und Urlauber zum Verweilen ein. Und zusätzlich „verheißt" der Prospekt den Eingeladenen, dass sie als Gäste bei den Gastwirten im Tal und in den drei Bergbauden zu niedrigsten Preisen mit guter Küche verwöhnt werden.

Eines der drei Wirtsehepaare waren der Gastwirt und zugleich Fleischer und Selcher Wilhelm Heider und seine Ehefrau Marie, geb. Schneider. Marie Heider hatte ihre Ausbildung zur Köchin in einem bekannten Gasthof in Troppau gemacht und dort auch die Haushaltsschule besucht. Beispiele von Rezepten aus der ehemaligen Haushaltsschule finden sich in diesem Kapitel.

Nach der Heirat im Jahr 1928 hatte das Paar das Anwesen von Wilhelm Heiders Eltern übernommen und an der Stelle des alten Geschäftshauses einen Neubau mit Fleischerei, zwei Gasträumen sowie sieben Gästezimmern errichtet. Das „Gast- und Einkehrhaus" bewirtete bald Sommerfrischler aus dem nahen Oberschlesien, aus Gleiwitz und Beuthen, aber auch aus Breslau, welche von der schlesisch-mährischen Küche von Mal zu Mal mehr begeistert waren. Viele von ihnen wurden Stammgäste.

Die ganze Familie Heider, 1937

Neben den Bieren aus der „Silesia"-Brauerei und Mälzerei (später Pivovar Jindřichov) aus Hennersdorf wurde in der Hauptsaison auch Pilsner Urquell ausgeschenkt. Der Augenarzt Dr. Johann Wiltschke aus Mährisch Schönberg trank das Pilsner Urquell besonders gern. Als ihm bei seinem zweiten Besuch das bevorzugte Bier nicht ausreichend gekühlt serviert wurde, beschwerte er sich und wollte künftig in einem anderen Gasthof einkehren. Eine Woche später beehrte er aber doch wieder den Gasthof der Familie Heider …

Krieg und Fremdenhass brachten den Fremdenverkehr dann jedoch jäh zum Erliegen. Familie Heider verlor durch die Vertreibung ihren gesamten Besitz und musste sich in Bayreuth mühsam eine neue Existenz aufbauen.

Auch der neue Gasthof mit eigener Fleischerei wurde mit außerordentlich viel Fleiß und Können geführt. Die aus der alten Heimat mitgebrachten Rezepte zur Herstellung verschiedener Wurstwaren und eine zum Ortsüblichen veränderte Speisenkarte brachten den Heiders nachhaltigen Erfolg. Ihre beiden Kinder, ein Sohn und eine Tochter, schlugen einen anderen Lebensweg ein und gedenken gern der sudetendeutschen Heimat und der Eltern.

Petersdorfer Heimatlied

Wo der Nordwind wehet an der Häuser Wand
Da liegt Petersdorf, ein Stück vom Schlesierland.
Bischoffskoppe, Lochberg und Hubertushaus,
Das ist meine Heimat, da war ich zu Haus.

Wo die Sägen rauschten und die Axt erschallt,
Und wo der Vögel Sang erklang in Feld und Wald.
Wo man karge Ernte rang dem Boden ab,
Das ist meine Heimat, meiner Ahnen Grab.

In dem Dörflein wohnten Leute b´scheidner Art,
Sie verdienten´s Brot dort immer schwer und hart.
Kummer, Not und Sorgen blieben niemals aus,
Dort in meiner Heimat, dort war ich zuhaus.

Petersdorf, du Heimat voller Freud und Leid,
Deine Menschen sind in alle Welt verstreut.
Zogen arm und traurig aus dem Dorf hinaus,
Bleiben aber weiter treu dem Vaterhaus.

(Verfasser unbekannt, gesungen nach der Melodie „Wo die Nordseewellen trecken an den Strand“)

Aus dem Werbeprospekt um 1930:

Petersdorf an der Bischofskoppe, Kreis Jägerndorf, Ostsudetenland zählt 750 Einwohner und liegt im reizvollsten Teile des Ossatales. 6/10 seiner Fläche sind Wald. Rings ist das Dorf von Bergen umgeben. Die gute, reine Luft und die schöne Lage ziehen besonders im Sommer tausende Wanderer zu kürzerem und Erholungssuchende zu längerem Aufenthalt hierher... Die Gastwirte im Tale und in den drei Bergbauden bemühen sich, ihre Gäste zu möglichst niedrigen Preisen zufrieden zu stellen. Zu jeder Ferienwohnung gehört auch eine Gartenfläche. Der nahe Wald lockt zu Spaziergängen.

Die Berge sind meist bequem zu erreichen und bieten herrliche Fernsichten. Die beliebtesten Wanderziele sind: Die Peters- und Hubertusbaude (3/4 Stunde), das Rudolfsheim und der Aussichtsturm auf der Bischofskoppe (1½ Stunde), die Oberschlesierhütte (1½ Stunde), die Heinrichshöhe (1½ Stunde), Mariahilf (2 Stunden), Zuckmantel, Reihwiesen, Freiwaldau-Gräfenberg, Bad Karlsbrunn und Altvatergebirge.

Wer einsame Wald- und Bergwanderungen liebt, wird selten irgendwo so befriedigt werden wie in Petersdorf an der Bischofskoppe. Rings um das Dorf führt eine herrliche Kammwanderung. Wegekarten und genaue Wanderungsbeschreibungen stehen zur Verfügung.

Wer seinen Kindern ein natürliches Ausleben im Walde und in einem Gebirgsdorfe gönnen will, der findet hier einen passenden Ort.

„Ihr von der Hast und Unruhe der Stadt geplagten Brüder und Schwestern, ihr wollt einmal rasten und ruhen in des Herrgottes schöner Natur! Hier könnt ihr es, auch mit wenig Geld."

Der Gasthof Wilhelm Heider in Petersdorf

Erinnerungen von Karl Heider an elterliche Spezialitäten

Fülle für Graupenwurst

250 g Graupen • 1 Zwiebel • 1 Knoblauchzehe • Salz • Pfeffer • Kardamom
Zimt • Majoran (trocken und gerebelt) • 750 g Schweinekopf oder Bauchfleisch
250 g Schweinenacken • 250 g rohe Schweineleber • 4–5 altbackene Semmeln

☛ Die Graupen über Nacht einweichen und am nächsten Tag kochen.

Zwiebel würfeln und rösten. Knoblauchzehe ausdrücken und mit Salz verreiben. Schweinekopf oder Bauchfleisch mit dem Schweinenacken kochen und durchdrehen. Den Kochfond aufheben. Schweineleber roh durchdrehen. Altbackene Semmeln in dünne Scheiben schneiden und mit etwas kochendem Fleischfond übergießen.

Graupen in eine große Schüssel geben, Fleisch, Leber, Semmeln, Zwiebel, Knoblauch und die anderen Gewürze dazugeben. Und wieder mit etwas kochender Fleischsuppe übergießen.

Bei roter Graupe wurde etwas frisches Schweineblut dazugerührt. Gut rühren und abschmecken.

Der Fleischer würde diese Graupenfülle in einen Schweinedarm abfüllen.

Fülle als Beilage oder für Braten

Diese Fülle wurde häufig zum Zickelbraten (Ausdruck für junge Ziege) gegeben. Manchmal auch als Beilage dazugereicht, in einer extra Schüssel auf den Tisch gestellt und vorher ausgebacken.

6 Brötchen • 4 Eier • ½ l Milch
1 Prise Salz • Zucker • Rosinen

☛ Brötchen in sehr dünne Scheiben schneiden, in eine gefettete Auflaufform geben. Eier mit Milch, Gewürzen und Rosinen mischen. Diese Mischung über die Brötchen geben. Obenauf Butterflocken setzen und im Ofenrohr bei 180 °C ca. 1 Stunde backen.

Bei Heiders gab es aber auch feine Bratwürste. Sie wurden mit Mehl, Ei und Semmelmehl paniert und in Schmalz gebraten. Diese Bratwürste mit Kartoffelsalat waren das traditionelle Essen zum Heiligen Abend bei Familie Heider. In Bayreuth wurde diese Art des Bratwurstessens durch Familie Heider eingeführt!

Falscher Thunfisch

500 g Kalbfleisch • 150 g fetter Speck • 1 Ei
Salz und Pfeffer nach Geschmack
Suppengemüse (Möhren, Sellerie, Zwiebel) • Essig
4 EL Mayonnaise mit 1 EL feingehackten Sardellen verrührt

☛ Das rohe Kalbfleisch und die Hälfte vom Speck drei Mal durch den Fleischwolf treiben. Nun die andere Hälfte Speck, sehr fein gewürfelt, und das Ei sowie die Gewürze dazugeben. Aus dem Teig eine Wurst formen. Ein Küchentuch nass machen und gut auswringen, die Wurst darin einwickeln. An beiden Seiten mit Faden fest einbinden. Salzwasser mit dem Suppengemüse und etwas Essig aufsetzen. Die Wurst in die köchelnde Flüssigkeit geben und eine gute Stunde garziehen lassen.

Am Ende der Garzeit herausnehmen und erkalten lassen. In Scheiben schneiden und mit Sardellenmayonnaise bestreichen.

Brotsuppe

600 g Kornbrot • 2 Prisen gemahlener oder gestoßener Kümmel
2 Eier • 1 Kaffeetasse Milch (3,5 % Fettgehalt)
30 g Butter • Salz und weißer Pfeffer nach Belieben

☛ Das in grobe Würfel geschnittene Körnerbrot in 1 l Kümmelwasser kochen. Dann durch ein Sieb streichen. Eier kräftig in der kalten Milch schlagen, dann an einem Faden in die leicht köchelnde Brotsuppe geben. Mit Salz, weißem Pfeffer und etwas brauner Butter vollenden.

Biersuppe mit Semmel

4 Semmeln • ¾ l Milch • 2 Eier
¼ l Bier • Salz • Muskatnuss • 1 Stange Zimt • Zucker

☛ 4 Semmeln in der Milch zuerst einweichen und dann vollständig in der Milch zerkochen. Nun das Bier extra mit der Stange Zimt aufkochen und im Warmen stehen lassen. Kurz vor dem Servieren die Eier in das warme Bier schlagen. Schön kräftig aufschlagen und dann alles in die warme Milch geben. Nach Belieben mit Salz, geriebener Muskatnuss und Zucker abschmecken.

Biersuppe mit Schwarzbrot

4 Scheiben Schwarzbrot • ½ l Wasser
Salz • Kümmel • ¼ l dunkles Bier • 100 g Zucker
⅛ l Milch • 2 Eier • 50 g Butter

☛ Die Brotwürfel in ½ l Wasser mit Salz und Kümmel vollständig zerkochen. Das Bier mit Zucker aufkochen, danach in die Suppe gießen. Das Ganze nochmals eine Weile kochen lassen. Die Milch und die Eier kräftig verquirlen und dann unter ständigem Rühren in die Suppe geben. Die Suppe darf nun nicht mehr kochen. Vor dem Servieren mit der Butter verfeinern.

Familie Heider, 1939

Fleischkäse

750 g Schweinefleisch aus der Keule • 250 g Kalbsleber
1 Bd. Suppengemüse (Möhre, Sellerie, Zwiebel)
Salz • weißer Pfeffer • 3 Eier • 100 g fetter Speck • 10 g Butter

☞ Schweinefleisch und Kalbsleber mit dem geputzten Suppengemüse sowie Salz und Pfeffer in einem großen Topf gar dünsten.

Dann das Fleisch, die Leber und das Gemüse drei Mal durch die feine Scheibe des Fleischwolfes treiben. Sodann die 3 Eier und den gewürfelten Speck an die Masse geben und alles schön gleichmäßig vermengen. Eine Kuchenkastenform ausbuttern und die Fleischkäsemasse hineingeben. Die Form in die Ofenröhre schieben und 60 Minuten bei 150 °C backen. Abkühlen lassen und zu frischem, knusprigem Bauernbrot servieren.

Die Schwestern Herta und Linda mit den Großeltern, um 1928

So schmeckte es bei Familie Neugebauer in Nieder-Lindewiese

Im Jahr 2011 lernte ich bei einer Veranstaltung im Münchener „Haus des Deutschen Ostens“ den Dokumentarfilmer Edwin Bude kennen. Er erzählte mir von dem Kurort im ehemaligen Sudetenland, aus dem seine Familie stammt.

Der Ort Nieder-Lindewiese (heute Lipová-lázně) war um 1900 ein Eisenbahnknotenpunkt an der Staatsbahnlinie Freiwaldau nach Hannsdorf-Ziegenhals, die wegen ihrer Streckenführung früher „Schlesischer Semmering“ genannt wurde. Der Ort liegt westlich von Freiwaldau (heute Jesenik), einem landschaftlich wunderschönen Gebiet, das man früher auch die „Perle der Sudeten“ nannte. Egal von welcher Seite der Wanderer sich dem Dorf näherte – seinem Blick bot sich stets eine kaum zu beschreibende landschaftliche Schönheit.

Nieder-Lindewiese war mit der Nachbargemeinde Ober-Lindewiese fest verwachsen. Nahe der Grenze zu Ober-Lindewiese entstand um 1900 eine Glas- und Armaturenfabrik, in der die Bewohner beider Orte Arbeit fanden.

Nieder-Lindewiese

Nieder-Lindewiese wurde aber vor allem durch die um 1820 von dem Naturheiler Johann Schroth (1798–1856) entwickelte Schrothkur weltweit bekannt. Diese zwei- bis dreiwöchige Wasser- und Fastenkur mit Trocken- und Trinktagen sollte eine Entgiftung des Körpers bewirken, welche die Selbstheilungskräfte fördert. Eine merkliche Gewichtsabnahme und Entschlackung waren positive Nebenwirkungen.

Der bis 1945 in Nieder-Lindewiese praktizierende Kurarzt Dr. Hermann Brosig brachte die Schroth-Kur 1947 nach Oberstaufen im Allgäu, wo das Naturheilverfahren noch heute in moderner Form angewandt wird. Oberstaufen ist übrigens das einzig anerkannte Schroth-Heilbad Deutschlands.

Edwin Budes Tante Herta Neugebauer kann sich noch gut an das Leben in Nieder-Lindewiese erinnern:

Unsere Familie lebte bis ungefähr 1938 ganz gut in Nieder-Lindewiese. Unsere Eltern hatten 1930 ein Haus gebaut und wir waren als Familie sehr glücklich. Vater hatte Arbeit bei der Eisenbahn, er war SPD-Mitglied, auch im Gemeinderat, und Mutter arbeitete als Masseurin in der Kurklinik.

Nieder-Lindewiese war ein bekannter Kurort mit schmucken Wohnhäusern, der Kurbereich beeindruckte mit gepflegten Kurhäusern und dem reizvollen Kurpark. Hier

Herta und Linda Neugebauer, 1926 und 1931

verkehrten Schauspieler wie Hans Albers oder Brigitte Horney und viele andere Prominente.

Das Unheil begann mit jungen Menschen deutscher Abstammung, sie waren unzufrieden und voller Hass auf die Tschechen. Immer mehr schlossen sich der sogenannten „Henleinpartei" (ab 1935 Sudetendeutsche Partei) an.

Als im September 1939 die deutsche Wehrmacht in Nieder-Lindewiese einmarschierte, wurden wir im „braunen Haus" (Nazi-Haus) drangsaliert, weil wir keine „guten" Deutschen waren.

Eine Bäuerin meinte zu mir, weil ich einen tschechischen Freund hatte: „Such dir einen Baum aus, wo du hängen möchtest." Da mein Vater nicht „Heil Hitler" sagte, bekam er Ohrfeigen und verlor seine Arbeit bei der Bahn. Als Gleisbauarbeiter und Streckenarbeiter wurde er schließlich wieder eingesetzt und trotzdem drangsaliert. Ein bitteres Gefühl für ihn, er wurde von den Tschechen geschätzt und von den Deutschen verachtet.

Zu Hause in Nieder-Lindewiese wollte mich, die Deutsche, die nicht richtig deutsch war, keiner mehr beschäftigen. Zum Glück bekam ich in Zuckmantel Arbeit als Friseuse. Hier lernte ich meinen späteren Mann kennen, er arbeitete nach einem Lazarettaufenthalt im Wehrmeldeamt.

Da Friseuse keine kriegswichtige Arbeit war, sollte ich Flakhelferin werden. Meine Schwester Linda, die im Arbeitsamt arbeitete, konnte das verhindern. Ich bekam eine Arbeit bei der Bahn, am Fahrkartenschalter (1942–1944).

Im April 1944 haben wir geheiratet. Ich war im siebenten Monat schwanger, als das Kriegsende kam. Die Wehrmacht sprengte Straßen, Brücken und Schienen. Wir versteckten uns im Wald, weil die Tschechen und die Russen Jagd auf die Deutschen machten.

Wir hatten nichts zu essen und bettelten in den Bauernhöfen. Manche Bäuerin hatte ein mitleidiges Herz und wir bekamen sogar Kleidung. Als die Lage sich etwas beruhigt hatte, kehrten wir in unsere Wohnung zurück, doch nun fing das Leid erst richtig an. Alle Männer von 16 bis 60 Jahren wurden vor das Landratsamt geführt. Stundenlang mussten sie mit erhobenen Händen bis zu ihrer Überprüfung warten. Durch die brutalen Schläge der Soldaten lagen Viele bewusstlos auf dem Hof, auch etliche Tote waren darunter.

Dann schickten sie uns einfach weg. Trotz meiner Schwangerschaft liefen wir immer weiter, bettelten um Essen, schliefen in Wäldern. Wir trafen Verwandte, die uns Furchtbares erzählten. Tante Mathilde wurde in Prag erschlagen, als sie bei ihrem Sohn Zuflucht suchte. Er hatte eine Möbelfabrik und war Miteigentümer des damals sehr bekannten Zirkus „Sarrasani" und die Tschechen hassten ihn, weil er sehr reich war. Der fünfzehnjährige Enkel musste seine Oma im Garten begraben und der Sohn von Tante Mathilde musste sich selbst mit einer Pistole erschießen.

Herta Neugebauer
als Friseurlehrling, 1935

Wir hatten alle nur noch Angst. Als wir in unser Haus zurückkamen, brach mein Mann zusammen, er lag tagelang im Bett und schwand zusehends dahin. Am 21. Juli bekam ich meinen Sohn, der wog 9 Pfund.

Dann wurden die Deutschen Haus um Haus enteignet. Unser Haus bekam eine tschechische Eisenbahnerfamilie, deren Oberhaupt ein ehemaliger Arbeitskollege meines Vaters war. Er sagte: „Wenn ihr wieder kommt, könnt ihr in euer Haus wieder einziehen."

Am 3. September 1946 ging unser Transport nach Bayern. Mein Mann, unser Sohn und ich kamen in Sendling bei Wasserburg unter. Es war nur ein kleines Zimmer, aber die Flucht war vorbei und wir waren bei guten Leuten, die uns halfen. Meine Eltern und meine Schwester Linda kamen in der Nachbarschaft unter. Auch wenn wir gar nichts mehr hatten, waren wir froh in Deutschland zu sein, vor allem darüber, dass wir alle zusammen waren. Am 2. September 1949 starb mein Mann an einem Lungenleiden.

Mein Neffe Edwin lebt heute in München und manchmal kommt er zu Besuch. Dann kochen meine Schwester Linda und ich für ihn die alten Gerichte, die er in der Heimat nie kennen lernen durfte. Seine Firma, er ist ein bekannter Münchener Dokumentarfilmer, hat jetzt Filme über „Die Geschichte der Sudetendeutschen" und über das „Unbekannte Egerland" gemacht. Auch über das Altvatergebirge hat er mir einen Film versprochen.

Die Filme

Die beiden Dokumentarfilmer Edwin Bude und Rainer Ott waren viel unterwegs, um in ihrem Dokumentarfilm „Unbekanntes Egerland – Mittelpunkt Europas" dem unvorbelasteten Zuschauer das Egerland nahe zu bringen. Dabei wandelten sie auf Goethes Spuren, einem jahrzehntelangen Besucher des Westböhmischen Bäderdreiecks, besuchten Klöster und Kirchen. Sie führen die Zuschauer zu bekannten und weniger bekannten Orten, wandern gemeinsam mit ihnen durch die Naturschutzgebiete, hören den Anekdoten über den englischen König Edward VII. und Kaiser Franz Josef in Marienbad zu. Dazwischen zeigen sie auch immer wieder die lebendige Kultur und das Brauchtum der Egerländer, das heute aber zumeist nur noch außerhalb des Entstehungsgebiets gepflegt wird.

In seinem Film „Die Geschichte der Sudetendeutschen" erzählt Steffen Hörtler von der ersten Besiedelung bis zur heutigen Sachlage. Dabei lässt er kein Thema aus und vermittelt somit, gerade den Kindern und Enkeln mit sudetendeutschen Vorfahren, aber auch allen Anderen, die Geschichte nach dem heutigen Wissensstand. 45 kurzweilige Minuten über einen deutschen Volksstamm, mit bewegender Geschichte. So klar und deutlich, einfach und spannend wurde die sudetendeutsche Geschichte noch nie dargestellt.

Nieder-Lindewiese

Neugebauers Schinkennudelpfanne

400 g Bandnudeln • 400 g gekochter Schinken
1/4 l saure Sahne • 4 Eier • 1 TL Salz • 1 Prise schwarzer Pfeffer
1/4 TL Muskatnuss • 100 g geriebener Käse

☛ Bandnudeln in kleine Stücke brechen und dann in Salzwasser bissfest kochen. Schinken kleinwürflig schneiden. Die Nudeln abgießen und abtropfen lassen, dann die Schinkenwürfel untermischen. Diese Mischung in eine gefettete Auflaufform geben. Nun die Sahne mit den Eiern und den Gewürzen verquirlen und über den Auflauf gießen. Im vorgeheizten Backofen bei 200 °C etwa 30 Minuten backen. Nach der Hälfte der Zeit den Käse darüber verteilen.

Die Knoblauchsuppe – ein beliebter Familieneintopf

200 g Kassler • 1 Brühwürfel • 1 Zwiebel • 4 Knoblauchzehen
½ Stange Lauch • 3 große Kartoffeln
Salz • Pfeffer und Majoran nach Geschmack

☛ Zunächst das Kasslerfleisch in kleine Würfel schneiden und in 1 l Wasser zusammen mit dem Brühwürfel aufkochen. In der Zwischenzeit in einer Pfanne die Zwiebelwürfel glasig dünsten und dann zu der Kassler-Bouillon geben. Den Knoblauch reiben und mit dem kleingeschnittenen Lauch zu der Suppe geben.

Die rohen Kartoffeln in ungefähr 1 Zentimeter große Stücke schneiden und ebenfalls hinzufügen. Das Ganze etwa eine halbe Stunde kochen lassen, bis die Kartoffeln gar sind. Danach mit Salz, Pfeffer und Majoran abschmecken und noch einmal kurz kochen lassen.

Neugebauers Koteletts in Biersoße

4 Koteletts • Salz, Pfeffer und Paprika nach Belieben
etwas Mehl für die Panade • Öl • 2 Knoblauchzehen • 2 Zwiebeln
4 Scheiben Speck • 1/4 l Bier • 250 ml süße Sahne

☛ Zunächst die Koteletts würzen, im Mehl wenden und im Öl gar braten. In der Zwischenzeit die Zwiebeln, den Knoblauch und Speck klein schneiden. Die fertigen Koteletts nun warm stellen und in der gleichen Pfanne Knoblauch, Speck und Zwiebeln anbraten. Das Ganze mit dem Bier ablöschen und mit der Sahne angießen. Zum Schluss mit Salz, Pfeffer und Paprika abschmecken und noch einmal kurz aufkochen.

Die tschechisch-böhmische Küche hält neben vielen deftigen Gerichten auch eine große Anzahl süßer Leckereien bereit.

Neugebauers Obstknödel – um 1936

40 g Hefe • 1/4 l lauwarme Milch
500 g Mehl • 65 g Zucker • 65 g weiche Margarine • 1 Ei
150 g Erdbeeren, einzeln waschen und trocknen
oder 150 g anderes Obst, z.B. entsteinte Pflaumen

☛ Die Hefe mit 2–3 EL Milch und 1 TL Zucker vermischen. Das Mehl in eine große Schüssel sieben und mit der Hefemischung verrühren. Den Vorteig nun zugedeckt eine Weile ruhen lassen, bis sich das Volumen etwa verdoppelt hat.

In der Zwischenzeit den restlichen Zucker, die Margarine, das Ei und die restliche Milch gut verrühren. Diese Mischung dann zu dem Vorteig geben und einen geschmeidigen Teig kneten.

Der fertige Teig muss noch einmal mindestens eine halbe Stunde zugedeckt ziehen. Die Erdbeeren vorsichtig mit dem Teig umhüllen. Dann die Knödel ungefähr 10 Minuten in leicht gesalzenem Wasser kochen. Die Kochzeit richtet sich auch nach dem verwendeten Obst.

Hinweis: Die Klöße können Sie entweder mit Zimt, Zucker, Mohn und zerlassener Butter servieren oder auch mit Quark und Walnüssen.

In diesem Haus wurde 1935 der berühmte Schlagertexter Robert Jung geboren.
Vieler seiner Hits wurden berühmt wie z.B. „Aus Böhmen kommt die Musik“ und „Die Prager Polka“ von Peter Alexander oder „La Pastorella“ von Vico Torriani. „Sudetenland, mein Heimatland“ hat Robert Jung selbst gesungen. Er entdeckte Nicole und war Produzent des Grand-Prix-Gewinner-Liedes 1982 „Ein bisschen Frieden“. Außerdem schrieb er Texte für Chris Roberts, Graham Bonney, Mireille Mathieu, Nana Mouskouri und viele mehr. 2010 wurde am Geburtshaus des Musikers in Nieder-Lindewiese eine Gedenktafel angebracht.

Nieder-Lindewiese, Kurpark

König-Ferdinand-Straße

„knedlíky“ – Knödel nach Familie Neugebauer

2 kleine Brötchen • etwas Butter
400 g Weizenmehl • 3/4 Pck. Backpulver
1 Ei • Salz • 200 ml Milch

☛ Zunächst die Brötchen in kleine Stücke schneiden und in Butter leicht anbraten. Das Mehl mit dem Backpulver in eine Schüssel sieben und dabei gut vermischen. Nach und nach die übrigen Zutaten zugeben und einen glatten Teig kneten. Anschließend die Brötchenstücke zufügen und noch einmal alles gut durchkneten. Aus diesem Teig nun 2 Rollen formen. Die Teigrollen in siedendem Salzwasser 20 Minuten kochen, dabei nach ungefähr 10 Minuten die Teigrollen wenden. Die fertigen Teigrollen aus dem Wasser nehmen und mit festem Garn in Scheiben schneiden.

ANMERKUNG DES VERFASSERS: Wenn Sie sich in einem tschechischen Restaurant einen Braten bestellen, darf als Beilage mit Sicherheit eines nicht fehlen: „knedlíky“ - Knödel. Die tschechische Küche kennt Knödel in vielen verschiedenen Formen. Beim Betreten eines tschechischen Supermarktes kann man übrigens feststellen, wie beliebt Knödel wirklich sind. Zum Erstaunen einiger Touristen gibt es die fertigen Kloßrollen in sämtlichen Varianten, vorgekocht oder halbroh, süß oder deftig zu kaufen.

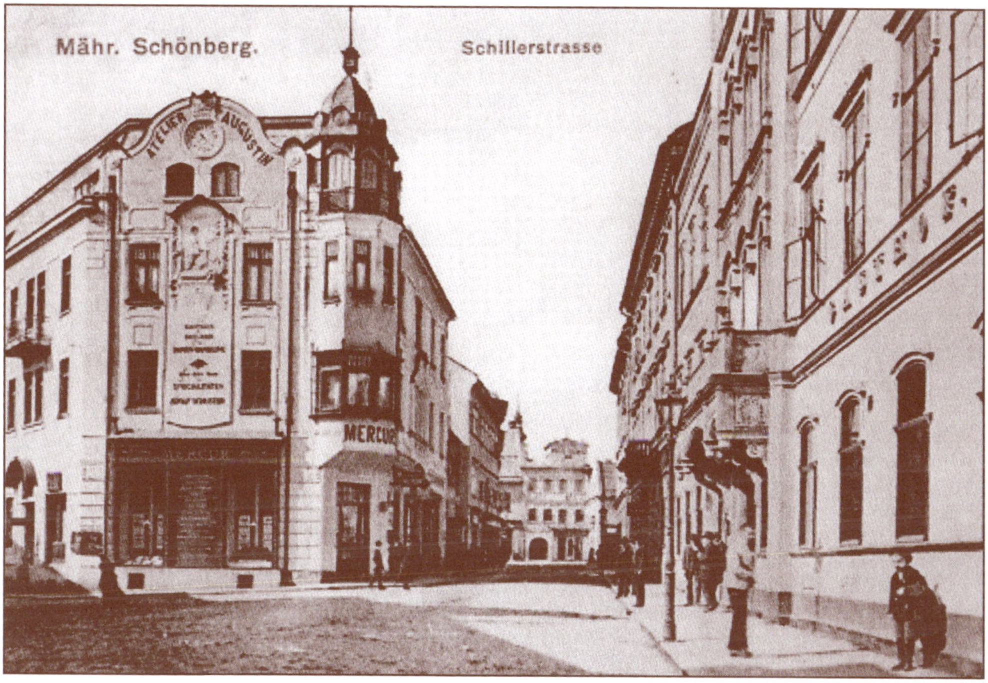

Mährisch Schönberg, Schillerstraße

Spezialitäten von Luise Heinisch aus dem „Hotel 3 Rosen“ in Mährisch Schönberg

Dreifach ist der Schritt der Zeit
Zögernd kommt die Zukunft dahergezogen,
pfeilschnell ist das Jetzt entflohen,
ganz still steht die Vergangenheit.

FRIEDRICH SCHILLER

Die Stadt Mährisch Schönberg (heute tschechisch Šumperk) wurde um 1300 gegründet, vermutlich im Zusammenhang mit der Gewinnung von Edelmetallen. Die Gründung der Leinen- und Tuchzunft im 15. Jahrhundert hatte bis weit in die Zukunft reichende Bedeutung für die Stadtentwicklung. Ab dem 17. Jahrhundert spezialisierten sich die Weber auf die Fertigung bestimmter Stoffe von Barchent über Plüsch, Samt bis Manchester. Weltberühmt wurde die 1785 von dem Wiener Geschäftsmann Johannes Klap-

Wilhelm Heinisch (1889–1942) mit seiner Familie und Angestellten, um 1927

peroth gegründete Manufaktur zur Herstellung von Manchester, eine der ersten auf dem europäischen Festland. So fertigten die Schönberger 1841 30 Prozent der gesamten mährischen Leinenproduktion für die ausländischen Märkte. 1842 startete hier die erste mechanische Leinenspinnerei des Landkreises Mähren ihren Betrieb.

Die Industrierevolution brachte vor allem einen Bevölkerungszuwachs und eine beachtenswerte bauliche Entwicklung der bis 1918 zu Österreich-Ungarn gehörenden Stadt. Es entstanden prächtige öffentliche und private Gebäude, entworfen von führenden Architekten der Monarchie. Mährisch Schönberg bekam infolgedessen den Beinamen „Kleines Wien“.

Als Mähren noch bei Österreich war ...

In dieser schönen Stadt an den Südhängen des Altvatergebirges betrieben Maria und Willibald Heinisch in der Schillerstraße, der damaligen Haupteinkaufsmeile, das gut gehende „Hotel 3 Rosen“. Ihr Sohn Wilhelm war nach dem Studium am Technikum Mittweida mit seiner Frau Luise in Sachsen geblieben.

Aber 1918 sollte der Techniker den Hotel- und Gaststättenbetrieb von seinen Eltern übernehmen und zog mit Luise zurück in seine Heimatstadt.

Es war für Luise Heinisch (geb. Häußler, 1891–1963) eine sehr große Umstellung, aus dem „Handelskontor“ in eine Hotelküche zu wechseln. Sie erbat sich

Kriegsweihnacht 1940, die gesamte Familie mit Belegschaft

aber von ihrem Mann, jedes Jahr einmal ihre Heimatstadt Mittweida und ihre dort lebende Mutter besuchen zu dürfen, später auch mit den gemeinsamen Söhnen.

Luise Heinisch wurde eine weithin bekannte Wirtin. Später auch bravourös unterstützt von Sohn Helmut (1919–1941), der in Brünn die Hotelfachschule besucht und als Koch und Gastronom ein sehr gutes Zeugnis bekommen hatte. Leider fiel er schon 1941 im Zweiten Weltkrieg. 1942 verstarb Wilhelm Heinisch und der zweite Sohn Erwin wurde in Afrika vermisst.

Trotz dieses persönlichen Leids musste der Betrieb in dieser schweren, vom Krieg geprägten Zeit weitergehen. Unterstützung bekam Luise Heinisch durch ihr treues Personal. Manche ehemaligen Schönberger erinnern sich noch heute an das „Hotel 3 Rosen". Besonders beliebt war das sich täglich ändernde Mittagsgericht.

Als die Russen im Mai 1945 einmarschierten, musste Luise Heinisch das Hotel auf der Stelle verlassen. Sie durfte nichts mitnehmen und wurde wie eine Aussätzige weggejagt. Völlig mittellos, entkräftet und ohne jegliches wärmendes Kleidungsstück fand sie Aufnahme bei barmherzigen Rot-Kreuz-Schwestern. Sie halfen Luise Heinisch auch, nach Mittweida zu ihrer hochbetagten Mutter zu kommen.

Ihr Sohn Erwin, der in Afrika in amerikanische Gefangenschaft geraten war, kehrte 1948 nach Deutschland zurück, allerdings nach Bayern. Er heiratete die ehemalige Mährisch Schönbergerin Margarete. Die junge Familie holte 1953 Mutter Luise in ihr Haus in Bayern. Sohn Erwin war mittlerweile Beamter bei der bayerischen Versicherungskammer.

Luise Heinisch führte ihrem Sohn und seiner Familie noch zehn Jahre die Küche. So konnte Schwiegertochter Margarete (geboren am 21.12.1926 in Mährisch Schönberg) noch sehr vieles von der gewandten Köchin lernen und die Gerichte der einstigen Heimat kamen auch nach dem Tod der Schwiegermutter oft auf den Tisch.

Alle nachfolgenden Rezepte stammen aus dem persönlichen Kochbuch der Heinisch-Frauen, das von Margarete Heinisch aufbewahrt wird.

Margarete Heinisch ist heute (2013) 87 Jahre alt und wohnt in München. Sie denkt oft an ihre Heimat und kocht auch noch manchmal die traditionellen Speisen.

Heinischs Reherlsuppe

Der Pfifferling (latein. Cantharellus cibarius) ist ein beliebter Speisepilz. Vor allem in Bayern hat er viele volkstümliche Bezeichnungen. Man nennt ihn dort Eierschwamm, Gelbschwammerl, Recherl, Reherl, Rehgoaßl, Marillenschwammerl, Kragenknöpferl oder Nagerl. Im Süden von Brandenburg kennt man ihn als Koksch, in Sachsen ist auch die Bezeichnung Hühnerpilz oder gelbes Hühnel üblich. In Österreich ist er fast ausschließlich als Eierschwammerl bekannt; ebenso in der deutschsprachigen Schweiz als Eierschwamm.

800 g Reherl (Pfifferlinge)
Salz, Kümmel und Essig nach Geschmack • 125 ml Milch
50 g Weizenmehl • 25 g Butter • 50 g saurer Rahm

☛ Reherl putzen und klein schneiden, in Wasser mit Salz und Kümmel ½ Stunde weich kochen. Eine helle Einbrenne aus Butter und Mehl bereiten, mit Milch aufgießen und zur Suppe geben. Mit Salz, Zucker, Essig nachwürzen. Zur Verfeinerung kann man auch sauren Rahm dazugeben, muss aber nicht sein.

Das Gericht kann auch mit weißen oder braunen Champignons zubereitet werden.

Mährisch Schönberg, Grand Hotel

Heinischs Käsegebäck

500 g Magerquark • 250 g Butter • 250 g Weizenmehl
Salz • Kümmel • Mohn • Paprika edelsüß • 2 Eiweiß

☛ Quark in ein Leinensäckchen geben oder in einer Serviette ausdrücken. Mit Butter und Weizenmehl sowie Salz gut verkneten. 1 Stunde im Kühlschrank rasten lassen. Ca. 3 mm dick ausrollen und mit Eiweiß bestreichen. Mit Kümmel, Paprika und Mohn bestreuen. Zu Streifen ausradeln, ca. 1 cm stark. Ofen am besten auf 150 °C Ober- und Unterhitze vorheizen. Käsestreifen auf ein mit Backpapier ausgelegtes Backblech legen, dann alles goldgelb backen. Sichtkontakt halten, bei goldgelber Farbe herausnehmen.

Lässt sich auch zu Hörnchen formen, die man mit Käse und Schinken füllt. Hier muss aber die Backzeit bei Mittelhitze erhöht werden.

Die frisch gebackenen Käsestangen sind in einer Blechschachtel aufbewahrt lange Zeit haltbar.

Luise Heinisch (rechts) mit ihrer Schwiegermutter Marie Heinisch, um 1925

Weihnachtssalat von Luise Heinisch

250 g weiße Bohnen • 250 g Linsen
1 Knolle Sellerie • 500 g Rote Beete
Salz • Zucker • Essig

☛ Bohnen und Linsen über Nacht einweichen. Dann kochen, bis sie weich sind. Sellerieknolle schälen, so viel Wasser auffüllen, dass sie bedeckt ist, mit Salz und Zucker weichkochen, dann würfeln. Rote Beete in der Schale kochen und abputzen, in feine Würfel schneiden. Die gekochten Bohnen und Linsen mit Salz und Essig würzen, dann mit allen Zutaten vermengen.

Diesen Salat gab es nur zu Weihnachten oder Silvester. Dazu geräucherten Aal oder gebackenen Fisch.

Heinischs Topfenknödel

500 g Topfen (Quark) • 2 Eier
100 g Grieß • 150 g Semmelmehl
Salz • 50 g Butter, extra!
50 g Semmelbrösel, extra!

☛ Die Zutaten außer den extra Zutaten in einer Schüssel vermengen. Zu Hühnereigroßen Knödeln formen. 25 Minuten in leicht köchelndem Salzwasser garziehen lassen. In Semmelbröseln wälzen und mit zerlassener Butter beträufeln, dann servieren!

Die Knödel kann man auch mit Zwetschgen oder Marillen füllen.

Heinischs Mandelbogen

3 Eiweiß • 200 g feinblättrig geschnittene Mandeln
150 g Zucker • etwas Zimt • etwas Zitronensaft
60 g Weizenmehl • rundes Oblatenpapier

☛ Eiweiß sehr steif schlagen, die Mandeln, Zitronensaft, Zimt und Zucker und zuletzt das gesiebte Mehl unterheben. Auf die Oblatenblätter mittels Teelöffel kleine Häufchen setzen. Bei 150 °C Mittelhitze goldbraun backen. Diese Plätzchen halten sich sehr lange in einer Blechdose.

Mährisch Schönberger Apfelsuppe

1 kg Äpfel • 50 g Weizenmehl
50 g Butter • 2 EL Zucker • 1 Prise Salz • Zwieback

☛ Äpfel klein schneiden, mit Schale in Wasser mit Salz und Zucker weich kochen (Äpfel sollten ganz mit Wasser bedeckt sein). Dann mit einem Pürierstab die Äpfel mit dem Kochwasser pürieren. Aus Butter und Weizenmehl eine helle Einbrenne schwitzen, diese dann unter den leicht köchelnden Apfelfond geben und unter leichtem Aufkochen binden lassen. Mit Zucker und etwas Zitronensaft abschmecken. Auf die Suppenteller je einen großen Zwieback legen und die heiße Apfelsuppe darauf gießen.

Mährisch Schönberg, K&K Gymnasium

Mährisch Schönberger Sauerkrautsuppe

500 g frisches Sauerkraut • Salz • Kümmel • 50 g Weizenmehl
50 g Butter • 1 Ei • 50 ml Milch • 500 ml Gemüsebrühe

☛ Sauerkraut in der Gemüsebrühe (auch Instant) weich kochen. Mitgekocht werden auch Salz, Zucker und Kümmel nach Geschmack. Eine Einbrenne aus dem Mehl und der Butter zubereiten und unter die Sauerkrautsuppe geben. Nochmals aufkochen. Das Ei in die Milch geben und verquirlen, am Faden in die heiße Suppe geben. Darf nicht mehr kochen!

Mährisch Schönberg, Schillerpark

Ardeppelplatz nach Heinischs Art

500 g Kartoffeln • 1 Ei • 50 g Butter • 150 g Weizenmehl
Salz • Pfeffer • Kümmel (gemahlen)

☛ Die am Vortag gekochten Kartoffeln abpellen und fein in eine Schüssel reiben. Mit den übrigen Zutaten verkneten. Zu einer Rolle formen und in Scheiben schneiden. In einer Pfanne die Kartoffelplätzchen entweder in Öl oder in Schmalz, je nach Geschmack, goldgelb backen.

Manchmal wurden die „Ardeppelplatzen“ mit Leinöl bestrichen und mit Zucker und Zimt bestreut. Dazu gab es oft Malzkaffee oder Kakao.

Aus der gleichen Teigmasse lassen sich auch Kartoffelknödel herstellen, die in Salzwasser 12 bis 15 Minuten geköchelt werden.

Selbst gerührte Mayonnaise

(Originaltext)

☛ Darauf achten, dass Eier und Öl nicht zu kalt sind und eine Temperatur haben. Auf 2 Volleier nehme ich 1/4 Liter Sonnenblumenöl. Da wird die Mayonnaise nicht zu dick! Die Eier schlage ich und gebe das Öl am Faden unter ständigem Rühren dazu. Dann schneide ich eine Deligurke und eine Zwiebel in ganz feine Würfelchen und gebe das zur Mayonnaise. Die fülle ich dann in ein oder zwei Schraubgläser ab und stelle sie kalt.

Man kann diese Spezialität in Schraubgläsern im kalten Keller oder im Kühlschrank aufbewahren.

Schmeckt gut als „Dip" zu Kartoffelscheiben (gekocht und feingeschnitten). Man kann die Mayonnaise noch mit einem geriebenen Apfel verfeinern, mit Salz und Pfeffer abschmecken.

Schönberg, um 1864, Maler Malizius, N.

Stangendorf bei Zwittau

Süßes von Anna Wala aus Stangendorf (Kreis Zwittau im Schönhengstgau)

Der Schönhengstgau galt einst als größte sudetendeutsche Sprachinsel, zu der die Städte Zwittau, Brüsau, Mährisch-Trübau, Landskron, Hohenstadt/March und Müglitz sowie 142 kleine Gemeinden gehörten. Ihren Namen bekam die Region von dem sie durchziehenden Schönhengster Rücken mit dem Hornberg (660 m) und der nahegelegenen Ortschaft Schönhengst.

Die Sprachinsel war zweigeteilt: Der kleinere, westliche Teil des Schönhengstgau mit Brüsau und Landskron zählte zu Böhmen, der östliche Teil mit Hohenstadt, Mährisch-Trübau, Müglitz und Zwittau zu Mähren.

Nur 4 km westlich von Zwittau an der Lokalbahn Zwittau-Politschka-Skutsch lag Stangendorf. Hier, in dem idyllisch in ein Waldgebiet eingebetteten Dorf, wurde Anna Nawratil am 23.10.1923 geboren.

Ihre Eltern hatten in Stangendorf einen kleinen Hof mit Landwirtschaft. Der Vater Johann Nawratil arbeitete hauptberuflich als Bäcker in der großen Dampfbäckerei Karl Ettl in Zwittau, wo er einer unter 20 weiteren Bäckern war. Seinen

Zwittau, um 1900

Lebenstraum von der eigenen Bäckerei erfüllte er sich 1931. In der 45 Minuten entfernten Nachbargemeinde Blumenau gab es keinen Bäcker und so kaufte er dort ein Grundstück, auf dem er eine Bäckerei mit Kolonialwarenangebot eröffnete. Während des Krieges verkaufte er hier auch Lebensmittel auf Marken.

Sein Cousin Erwin Gergerle lernte bei Johann Nawratil das Bäckerhandwerk und arbeitete bis zur Vertreibung in der Bäckerei in Blumenau. Tochter Anna wurde als Verkäuferin angelernt und war ebenfalls bis zur Vertreibung im elterlichen Geschäft angestellt. In ihrer Freizeit begann die musikliebende junge Frau Orgel und Geige zu spielen und sang zusätzlich noch im Kirchenchor. Nach der Vertreibung hat sie nie wieder ein Instrument gespielt.

In Blumenau lernte Anna auch ihren späteren Ehemann Leopold Wala kennen. Er wurde schon bald nach Ausbruch des Krieges zur Wehrmacht eingezogen und konnte seine schwangere Freundin nicht heiraten und auch nicht bei ihr sein, als 1944 die gemeinsame Tochter Anneliese geboren wurde.

Denn im Oktober 1938 war auch der Schönhengstgau dem Deutschen Reich zugeordnet worden und bekam dann die Auswirkungen des Krieges deutlich zu spüren. So wie die Nawratils. Sie wurden gleich nach dem Ende des Zweiten Weltkrieges 1945 von einem tschechischen Bauern ins Land Mähren zur Arbeit ohne

Bezahlung zwangsverpflichtet. Knapp ein Jahr später, nach der Ernte 1946, schob man die Familie Nawratil ganz plötzlich nach Bayern ab, zunächst ins Lager nach Villingen bei Augsburg. Dank des Vetos der amerikanischen Besatzungsmacht durften sie pro Person bis zu 50 kg Gepäck mitnehmen. Nach kurzem Aufenthalt in Villingen bekam die Familie in Stadtsteinach / Oberfranken eine kleine Wohnung zugewiesen.

Im Juni 1948 war die Währungsreform sowohl in den westlichen als auch in der sowjetischen Besatzungszone in Deutschland. Im selben Jahr konnte Anna auch endlich ihren aus polnischer Kriegsgefangenschaft heimgekehrten Freund und Vater ihrer Tochter heiraten. Anna Nawratil und Leopold Wala hatten zwei Trauzeugen, aber keine Ringe.

Die frischverheiratete Anna Wala fand Arbeit in einer Weberei und später in der Oberhemdenfertigung, wo sie als Verpackerin arbeitete. 1954 zog das Ehepaar mit der Tochter Anneliese in die neugegründete Vertriebenensiedlung Mannsflur in der Marktgemeinde Marktleugast, Landkreis Kulmbach. Mit ihnen auch Cousin Erwin und die Eltern Nawratil, die leider 1958 bzw. 1959 verstarben.

Bei einem Besuch in ihrer alten Heimat 1995 erlitt Anna Wala einen Schlaganfall und musste ins Zwittauer Krankenhaus gebracht werden. Nach drei Tagen wurde sie ins Kulmbacher Krankenhaus

Anna Wala, geb. Nawratil

verlegt und kam zur Reha nach Bayreuth, wo sie sich wieder gut erholte. Doch nach dem nächsten Schlaganfall im Jahr darauf wurde sie zum Pflegefall, einen weiteren Schlaganfall im Juli 2002 hat sie nicht überlebt.

Anna Wala war eine sehr gute Köchin, aber vor allem eine vorzügliche Bäckerin. Sie besaß ein Rezeptbuch, in das alle Frauen der Familie und später sie selbst Rezepte geschrieben hatten. Dieses Buch hat die Vertreibung überstanden und ist ein letztes Andenken an die Familie Nawratil und Anna.

(nach einem Brief von Leopold Wala von 2011 aufgeschrieben)

Stangendorfer Ölkuchen

4 Eier • 125 g Zucker • 1 Pck. Vanillezucker • 125 ml handwarmes Wasser
125 ml Öl • 2 Spritzer Rum • 1 TL abgeriebene Zitronenschale
1 TL abgeriebene Orangenschale
1 Prise Salz • 250 g Mehl • 1 Pck. Backpulver • Öl für die Backform

☛ Eier, Zucker und Vanillezucker 5 bis 6 Minuten auf höchster Stufe schaumig rühren, dann Wasser, Öl, Rum, Zitronen- und Orangenschale sowie Salz dazugeben und wieder fest aufmixen. Mehl und Backpulver darunter mischen.

In eine eingefettete Kastenform geben und ca. 45 bis 50 Minuten im auf 160 °C vorgeheizten Ofen backen.

Marillenkuchen

3 Eier • 200 g Puderzucker • 1 Pck. Vanillezucker
125 ml Öl • 250 ml saure Sahne • 2 EL Rum
Saft und Schale von 1 Zitrone • 350 g Mehl, glatt
1 Pck. Backpulver • 1 Prise Salz
Für den Belag: 1 kg Marillen (Aprikosen)
150 g geriebener Mohn • Puderzucker und Zimt nach Geschmack
reichlich flüssige Butter

☛ Die Eier mit Puderzucker und Vanillezucker schaumig schlagen. Öl, saure Sahne, Rum, Zitronensaft und abgeriebene Zitronenschale nach und nach dazugeben. Zum Schluss das Mehl mit dem Backpulver und einer Prise Salz unterrühren. Den Teig auf ein großes, gefettetes und bemehltes Backblech streichen.

Den Kuchen mit halbierten, entkernten Marillen mit der Hautseite nach unten belegen. Mit dem Mohn-Zimt-Zuckergemisch gleichmäßig bestreuen und sogleich mit reichlich flüssiger Butter begießen.

Ca. 35 Minuten bei Mittelhitze (150 bis 180 °C) auf der mittleren Schiene backen. Nadelprobe machen.

Gruß aus Stangendorf, 1906

Stangendorfer Schokoladenkuchen um 1930

1 Pck. Vanillezucker • 200 ml Wasser
250 g Margarine • 4 Eier • 400 g Mehl
½ Pck. Backpulver • 2 EL Kakaopulver
2 EL Rum, je nach Geschmack auch mehr

☛ Vanillezucker mit Wasser und Margarine in einem Topf zum Kochen bringen. Wenn alles flüssig ist, eine Tasse Flüssigkeit entnehmen, den Rest in eine Rührschüssel geben und abkühlen lassen.

Nach dem Abkühlen Eier, Mehl mit Backpulver vermischt, Kakaopulver und Rum dazugeben. Alles zu einem glatten Teig verarbeiten. In eine gefettete oder mit Backpapier ausgelegte Backform geben. Backofen auf 200 °C vorheizen und den Kuchen ca. 5 Minuten backen. Dann auf 180 °C zurückschalten und weitere 15 bis 20 Minuten backen.

Die vorher entnommene Flüssigkeit erwärmen. Den Kuchen aus dem Ofen nehmen und die Flüssigkeit langsam über dem Kuchen verteilen und dann nochmals 5 Minuten bei 180 °C in den Ofen stellen. Nach dem Backen erkalten lassen und eventuell mit Sahne servieren.

Zwittau

Nussbuchteln – Stangendorf um 1937

FÜR DEN TEIG: 42 g Hefe • 250 ml lauwarme Milch
600 g Mehl • 80 g Puderzucker • 100 g geriebene Haselnüsse
100 g zerlassene Butter • 2 Eier
1 TL abgeriebene Zitronenschale • 5 EL Rum
FÜR DIE FÜLLUNG: 250 g Quark • 1 Pck. Vanillezucker
40 g Puderzucker • etwas abgeriebene Zitronenschale • 1 Ei
ZUM BESTREICHEN: 50 g zerlassene Butter
Puderzucker zum Bestäuben

☛ Für den Teig zuerst die Hefe in der lauwarmen Milch auflösen. Danach Mehl, Puderzucker, Haselnüsse, zerlassene Butter, Eier, Zitronenschale und Rum in eine Rührschüssel geben, die Hefe-Milch dazugeben und alles zusammen zu einem glatten Teig kneten. Zugedeckt an einem warmen Ort zu doppeltem Volumen aufgehen lassen.

Für die Quarkfüllung alle Zutaten gut miteinander verrühren.

Den aufgegangenen Hefeteig auf einer bemehlten Arbeitsfläche zu einer Rolle formen und 12 gleich große Stücke abschneiden. Die Teigstücke mit der Hand flach auseinander drücken, je einen Teelöffel der Quarkfüllung darauf geben, den Teig über der Füllung schließen und gut zusammendrücken. Danach rundherum mit zerlassener Butter bestreichen und mit der Teignaht nach unten in eine gefettete Auflaufform legen.

Achtung: Nicht zu eng aneinander legen, die Buchteln brauchen noch Platz zum Gehen. Danach zugedeckt an einem warmen Ort noch einmal ca. 20 Minuten gehen lassen. Im vorgeheizten Backofen bei 180 °C ca. 30 Minuten backen. Auskühlen lassen, voneinander lösen und mit Puderzucker bestreut servieren.

Tipp: Anstelle mit Quark kann man die Buchteln auch mit Marmelade füllen. Aber auch ohne Füllung schmecken sie sehr gut.

Stangendorfer Rumkuchen

250 g Butter • 250 g Zucker • 6 Eier
40 g Kakaopulver • 50 g bittere Schokolade, gehackt • 250 g Mehl
Für die Glasur: Puderzucker • Rum nach Geschmack

☛ Butter und Zucker schaumig rühren, dann die Eier dazugeben, anschließend die anderen Zutaten unterrühren. Ein Blech mit etwas höherem Rand einfetten und den Teig darauf streichen. Bei 180 °C 20 Minuten backen.

Eine Glasur aus Puderzucker, Rum und evtl. etwas Wasser anrühren. Gleich nach dem Backen auf den Kuchen streichen.

Stangendorfer Quarkkuchen

3 Tassen Mehl • 1 Tasse Zucker • 1 Pck. Backpulver
Für den Belag: 750 g Quark • 4 Eier
1 ½ Becher saure Sahne (= 300 g, oder alternativ 300 ml Milch)
1 Pck. Vanillezucker • Saft von 1 Zitrone
etwas Butter und Puderzucker

☛ Mehl, Zucker und Backpulver vermischen. Die Hälfte von dieser Mischung auf das gefettete Backblech streuen.

Quark, saure Sahne, Eier, Vanillezucker und Zitronensaft gut verrühren.

Die Quarkmasse über die Mehlmischung auf das Blech geben und verstreichen. Die zweite Hälfte der Mehlmischung darüber streuen. Butterflocken darauf setzen und bei 180 °C etwa 30 bis 40 Minuten backen. Mit Puderzucker bestreuen und servieren.

Reinhold und Rosi Wagner, 1920

Das Kochbuch der Familie Wagner aus Iglau

Inmitten der hügeligen, waldreichen Landschaft des Böhmisch-Mährischen Landrückens, an der Grenze zwischen Böhmen und Mähren liegt Iglau (heute Jihlava), die älteste Bergbaustadt Mährens und bis 1945 Zentrum der zweitgrößten deutschen Sprachinsel in der Tschechoslowakei.

Nach dem Zweiten Weltkrieg wurden fast alle deutschsprachigen Bewohner Iglaus aus ihrer Heimat vertrieben und in aller Herren Länder verstreut, viele kamen nach Österreich oder Deutschland. Wie auch die Familie Wagner aus Iglau.

Das Ehepaar Reingard (geb. Bellingshaus, 1861–1934) und Otto Wagner (1852–1921) war im Haushalt eines hohen Offiziers der Österreichisch-Ungarischen Landstreitkräfte (k.u.k. Armee, 1867–1914) als Hauspersonal angestellt. Sie bekamen am 6. Februar 1883 einen Sohn, den sie Reinhold nannten.

Reinhold Wagner hatte eine behütete Kindheit und Jugend. Nach dem Besuch

Iglau, um 1928

der Volksschule erlernte er den Beruf eines Buchhalters. Er arbeitete bis 1925 als Bücherrevisor in der Verwaltung des Garnisonsstabes in Iglau (das I., II. und III. Bataillon des Mährischen Infanterie-Regiments Nr. 81 sowie das II. Bataillon des Landwehr-Infanterie-Regiments Nr. 14 hatten ihren Stab in Iglau).

1920 heiratete Reinhold Wagner die 16 Jahre jüngere Rosi Mittmann (1899–1945), ihre Vorfahren waren vor 200 Jahren aus Augsburg eingewandert. Das Glück schien perfekt, als Rosi im September 1921 Tochter Erna gebar.

Doch 1930 wurde Reinhold Wagner sehr krank und konnte nicht mehr als Buchhalter arbeiten. Von da an verdiente Rosi Wagner den Lebensunterhalt mit Putzen in gutsituierten Haushalten. Reinhold Wagner führte dafür den eigenen Haushalt und kochte auch das Essen – mit Hilfe des handgeschriebenen Kochbuchs seiner Mutter. Tochter Erna wurde in die Arbeiten eingebunden und lernte schon damals sehr viel vom Kochen. 1940 bekam Erna Wagner ein Arbeitsangebot in Leipzig und verließ die Eltern und Iglau. Sie konnte nicht ahnen,

In Tetschen begann Reingard Wagner ihr Kochbuch.

dass es ein Abschied für immer war. Wenige Wochen nach dem Ende des Zweiten Weltkrieges wurden auch die deutschen Bürger in Iglau enteignet und in einem verlustreichen Fußmarsch in Richtung Süden nach Österreich ausgesiedelt. Die Wagners schafften es nicht bis nach Österreich, sie starben unterwegs vor Entkräftung.

Ihre Heimat sah Erna Wagner erst wieder, als auch DDR-Bürgern das Reisen in die Tschechoslowakei gestattet wurde. Doch ihre erste Wiederbegegnung 1969 mit der Heimat war überschattet von den Ereignissen um den niedergeschlagenen Putsch.

Ernas eigene Tochter konnte leider ihre Großeltern nicht mehr kennen lernen, aber sie schätzt die Küchentraditionen und die Rezepte ihrer Vorfahren, wie ich selbst erfahren durfte.

1994 war ich in Weida bei einem Bildungsträger angestellt, der Bildungsmaßnahmen zur Wiedereingliederung von Arbeitnehmern in den ersten Arbeitsmarkt anbot. Ich unterrichtete Frauen, die sich hier zur staatlich geprüften Hauswirtschafterin fortbilden wollten. Dabei fiel mir eine ruhige, ungemein zurückhaltende, aber sehr fleißige Teilnehmerin auf.

Um sie etwas aufzumuntern und mit den anderen in Kontakt zu bringen, erkundigte ich mich, was denn bei ihr zu Hause gekocht würde. Sie sprach von der Hausküche der Großeltern und ihrer Mutter, die aus dem Sudetenland vertrieben wurden. Beim nächsten Mal brachte sie ein altes handgeschriebenes Kochbuch mit. Es waren zwar teilweise uralte Familienrezepte, entsprachen aber genau unserem damaligen Unterrichtsthema „Regionale Küche mit einfachen Lebensmitteln". Wir kochten Verschiedenes aus dem Kochbuch der Familie Wagner und viele der Unterrichtsteilnehmerinnen brillierten im Fach „Nahrungszubereitung" in der Abschlussprüfung mit dem Einsatz einfacher Lebensmittel mit wahren „Gourmetmenüs".

Und damit war mein Standpunkt wieder einmal bewiesen: schon vor hundert Jahren wurde gesundheitsbewusst unter Einbeziehung ökonomischer Aspekte gekocht.

Tetschener Osterbrot – 1880

Dieses Rezept stammt aus der Haustöchterzeit von Reingard Wagner in Tetschen (1878–1882)

20 g Hefe • 140 g Zucker • 250 ml Milch • 1 kg Weizenmehl
210 g Butter • 3 Eigelb • 1 Prise Salz • 1 Zitrone
200 g Rosinen • 10 g Zitronat • 100 g gehackte Mandeln

☛ Die Hefe zerbröckeln, mit etwas Zucker und etwas lauwarmer Milch verrühren. Das Mehl in eine Schüssel sieben. In die Mitte eine Vertiefung drücken, die Hefe hineingeben und mit etwas Mehl verrühren. Den Vorteig zugedeckt an einem warmen Ort 15 Minuten gehen lassen. Dann Butter, 2 Eigelb und den verbliebenen Zucker schaumig rühren und unter das gegangene Hefestück mischen.

Die restliche Milch, Salz sowie die abgeriebene Zitronenschale dazugeben und den Teig so lange gut durchschlagen, bis er sich von der Schüssel löst. Daraufhin die in Mehl gewälzten Rosinen, das fein geschnittene Zitronat und die gehackten Mandeln in den Teig arbeiten. Hieraus einen runden Laib formen und zugedeckt an einem warmen Ort etwa 30 Minuten gehen lassen.

Das übrige Eigelb in einer Tasse verquirlen, das Brot damit bestreichen und mit einem Messer kreuzförmig oben einschneiden.

Den Laib auf ein gefettetes Backblech setzen und im vorgeheizten Ofen etwa 50 Minuten bei 200 °C backen.

Weihnachtswürfel nach Reinhold Wagner

TEIG: 500 g Mehl • 200 g flüssige Butter
125 g Rübensirup • 1 Ei • 1 Prise Salz
1 Packung Lebkuchengewürz • 2 Msp Zimtpulver • Milch nach Bedarf
GLASUR: 250 g Kokosfett (Palmin)
2 Eier • 1 Päckchen Vanillezucker • 3 EL Kakaopulver
50 g Puderzucker • 300 g Kokosraspel

☛ Aus den Zutaten einen nicht zu festen Teig herstellen, falls der Teig zu fest ist, etwas Milch zugeben. In einer rechteckigen, hohen Form bei ca. 150 °C 45 bis 60 Minuten backen, bis das Gebäck aufgesprungen ist. Den abgekühlten Lebkuchen in Würfel schneiden.

Für die Glasur Palmin zerlassen, etwas abkühlen lassen, damit die Eier nicht gerinnen. Aus Palmin, den 2 Eiern, Vanillezucker, Kakao und etwas Puderzucker eine nicht zu dünnflüssige Schokolade bereiten. Die Lebkuchenwürfel in die Schokolade tauchen und anschließend in Puderzucker und Kokosflocken wälzen.

Iglauer Kirschspeise

500 g Kirschen • Saft von 1 Zitrone
3 EL Kirschwasser • 2 Stangen Zimt
125 ml Sauerrahm • 100 g Mehl
4 Eier • 1 Prise Salz • 100 g Zucker
250 ml Öl • 3 EL Puderzucker

☛ Kirschen entkernen. Zitronensaft und Kirschwasser erhitzen, Kirschen und Zimtstange zugeben, zugedeckt kurz dünsten lassen.

Die Eier trennen. Den Sauerrahm mit Mehl glatt rühren, Eigelbe und Salz einrühren. Eiweiß mit Zucker zu Schnee schlagen und behutsam unter die Masse heben.

Öl in einer Pfanne erhitzen. Teigmasse häufchenweise in die Pfanne setzen (am besten mit einem Löffel) und die Plätzchen von jeder Seite ca. 2 Minuten goldgelb backen.

Plätzchen auf Teller setzen, mit den gedünsteten Kirschen belegen, darauf jeweils ein Plätzchen setzen. Mit Puderzucker bestreut servieren.

Teplitz-Schönau, um 1890

Nusskuchen – Teplitz-Schönau 1890

Reingard Wagner hatte nach ihrer Haustöchterzeit
bis 1893 in Teplitz-Schönau eine Anstellung
als Dienstmädchen in einem Geschäftshaushalt.
Von dort stammt dieses Rezept aus ihrem Kochbuch.

180 g flüssige Butter
200 g Zucker • 5 Eier
170 g gehackte Haselnüsse • 120 g Mehl
2 TL Backpulver

☛ Butter, Zucker und Eier schaumig rühren. Danach Haselnüsse dazugeben. Backpulver mit Mehl mischen und sieben, dann esslöffelweise unter den Teig rühren. Die fertige Masse in eine Gugelhupfform füllen und bei ca. 180 °C etwa 45 Minuten backen.

Prag, Altstädter Ringplatz

Vegetarisches mit Hafer von Gustav Rudolph aus Prag

Prag gehörte nie zum Sudetenland. Aber was wäre die Prager Geschichte, die Prager Baukunst oder Literatur ohne die Deutschen, die einst dort gelebt, gewirkt und gedacht haben? Das architektonische Antlitz der vielgerühmten „Goldenen Stadt" ist über Jahrhunderte von deutschen Baumeistern mitgeprägt worden. Veitsdom, Karlsbrücke und zum Teil die Burg Karlstein wurden vom deutschen Bildhauer und Dombaumeister Peter Parler geschaffen.

Die erste Universität Deutschlands und Mitteleuropas wurde 1348 in Prag gegründet. Die Studenten kamen aus Bayern, Sachsen, aus Mähren, Böhmen oder Schlesien. Erst um 1860 verlor Prag die bis dahin (seit dem Mittelalter) herrschende deutsche Bevölkerungsmehrheit. Das zeigte sich 1882 auch in der Zweiteilung der Universität in eine tschechische und eine deutsche Universität.

Um 1900 galt Prag als IN-Stadt für Künstler und ambitionierte Dichter tschechischer und deutscher Sprache. Unter ihnen heute so bekannte Literaten wie Max Brod, Franz Kafka, Rainer Maria Rilke, Gustav Meyrink oder Franz Werfel.

Nach dem Kriegsende im Mai 1945 wurden wie überall im Sudetenland auch die in Prag ansässigen Deutschen fast ausnahmslos vertrieben. Viele von ihnen kamen zunächst in Internierungslager, rund 5000 wurden ermordet.

Familie Rudolph, die in Prag ein gut gehendes Viktualiengeschäft am Altstädter Ringplatz betrieb, blieb die Vertreibung erspart. Die Familie zog glücklicherweise, kann man angesichts dieser Entwicklung heute sagen, 1944 nach Chemnitz, später nach Gera.

Gustav Rudolph wurde am 13. März 1865 als einziger Sohn des Prager Viktualienhändlers Wilhelm Rudolph (1829–1900) und seiner Frau Martha (geb. Hornfeck, 1836–1899) geboren.

Nach dem Abschluss der Volksschule besuchte Gustav die Handelsschule und begann eine Lehre als Koch im Hotel an der Theaterbrücke in Prag. Schon während seiner Lehrjahre kreierte Gustav dank des elterlichen Geschäftes und stetigen Vorrats an frischem Gemüse vegetarische Speisen. Einige dieser Gerichte wurden später sogar in die Speisenkarte des Hotels aufgenommen.

Sein Lehrmeister, der Küchenmeister Carl Haevel, war begeistert und Gustav Rudolph bestand zu Ostern 1887 seine

Gustav Rudolph, um 1900

Kochlehre mit Auszeichnung. Bis 1896 erweiterte der junge Koch seine Kenntnisse auf der „Wanderschaft" und arbeitete in verschiedenen Hotels in der Schweiz, in Österreich und Südtirol. In Meran lernte er auch Emma Warning (1868–1957) kennen, die dort als Hausmädchen in einem Hotel arbeitete. Sie stammte aus dem Kurort Marienbad und befand sich wie er auf Wanderschaft. 1897 heiratete Gustav Rudolph seine geliebte Emma. Sie ließen sich in Emmas Heimatstadt Marienbad nieder, wo sie bis 1944 eine klei-

Marienbad, um 1930

ne Garküche betrieben und große Hotels mit vegetarischen Speisen versorgten. Die Familie wuchs: 1905 wurde Tochter Maria (1905–1989) und 1907 Sohn Reinhold (1907–1943) geboren. Maria Rudolph arbeitete später im elterlichen Geschäft mit und erlernte dort vornehmlich die Feinheiten der vegetarischen Küche.

In einem der Marienbader Hotels, die von Familie Rudolph beliefert wurden, arbeitete seit 1930 der Koch Emil Fischer (1903–1987) aus Chemnitz. Da war es nur eine Frage der Zeit, dass er Maria Rudolph begegnete und sich die beiden ineinander verliebten. Sie heirateten 1940 und schon im Jahr darauf kam Tochter Maria auf die Welt. Doch das Leben im Kurort wurde immer schwieriger, seit die Stadt 1938 zum Reichsgau Sudetenland gehörte. Der internationale Besucherstrom blieb aus und das brachte den Kurbetrieb zum Erliegen. So ging die ganze Familie 1944 nach Chemnitz und später nach Gera. Allerdings ohne Reinhold Rudolph. Er wurde schon seit 1943 in Russland vermisst, die Familie erfuhr von heimkehrenden Regimentskameraden lediglich, dass sein Schützenloch eines Morgens leer war ...

Maria Fischer kann sich heute nur noch vage an ihren 1946 verstorbenen Großvater Gustav erinnern, an seine dunkel klingende Stimme oder dass er sie liebevoll auf seinen Knien geschaukelt hat. Dafür sind seine Rezepte erhalten geblieben. Maria Fischer hat schon so manches Männerherz mit vegetarischen Speisen betören können, wie sie schelmisch lachend erzählte.

Marienbader Hafermehl-Pilzkoteletts

200 g Pfifferlinge • 20 g Hafermehl
50 g Haferflocken • 1 Ei • 1 TL geriebene Semmel
1 EL feingeschnittene Zwiebelwürfel
Salz, weißer Pfeffer nach Belieben
feingehackte frische Petersilie • Öl zum Braten

☛ Die frischen Pilze putzen, mehrmals waschen und nach dem Trocknen mit einem schweren Küchenmesser fein wiegen. Unter die feingewiegten Pilze alle Zutaten außer dem Öl mischen. Aus der Masse 8 Koteletts formen. Die Pilzkoteletts braten. Pro Portion rechnet man 2 Stück. Dazu schmeckt Kopfsalat mit einem Essig-Öl-Dressing.

Haferflocken-Spinat-Bratlinge

50 g Haferflocken • 2 EL Wasser • 60 g frischer Spinat
1 Ei • 3 EL Semmelmehl • 1 EL Weizenmehl
Salz und Pfeffer nach Geschmack
1 Prise Muskatnuss, gerieben • etwas Butter zum Braten

☛ Haferflocken 20 Minuten im Wasser einweichen. Den gewaschenen rohen Spinat fein hacken und mit den anderen Zutaten unter die eingeweichten Haferflocken mischen. Auf einem Holzbrett von dieser Masse kleine Küchlein formen und in Semmelmehl wälzen. Die Küchlein in heißer Butter goldgelb braten.

Prag, um 1900

Haferflocken-Gemüseauflauf mit Kräutersoße

100 g Haferflocken • 4 EL Wasser • 25 g Butter
1 Ei, trennen • 1 Sträußchen gehackte Petersilie
1 fein gewürfelte Zwiebel
100 g geschabte Möhren • Salz und Pfeffer nach Geschmack
KRÄUTERSOSSE: 1 EL Öl • 1 Zwiebel • 20 g Hafermehl
¼ l Gemüsebrühe • ⅛ l Sahne
Salz und Zitronensaft nach Geschmack • 20 g Butter

☛ Die Haferflocken im Wasser 10 Minuten einweichen, dann die schaumig gerührte Butter dazugeben, Eigelb mit Salz, Pfeffer, Petersilie, Zwiebelwürfeln und den geschabten Möhren gut verrühren. Zuletzt den steif geschlagenen Eischnee unterheben. Die Masse in eine gefettete und mit Semmelmehl ausgestreute Kastenform geben. Butterflöckchen obenauf setzen und eine Stunde bei 120 °C Mittelhitze backen.

Für die Kräutersoße die feingeschnittene Zwiebel in Öl andünsten, Hafermehl dazugeben, leicht anbräunen und mit Gemüsebrühe und Sahne aufgießen. Mit Salz und Zitronensaft abschmecken. Butterflöckchen daraufgeben.

Rezeptverzeichnis

Apfelpudding nach Frieda Zepnick 68
Apfelstrudel, Karlsbader 11
Apfelstrudel, Omas 76
Apfelsuppe, Mährisch Schönberger 101
Ardeppelplatz nach Heinischs Art 103

Biersuppe mit Schwarzbrot 84
Biersuppe mit Semmel 84
Bratschwammerl – Kupferberg um 1930 21
Brotsuppe 84
Buchtelkuchen, Karlsbader 13

Falscher Thunfisch 83
Fleischkäse 85
Fülle als Beilage oder für Braten 83
Fülle für Graupenwurst 82

Gablonzer Spitzbuben 62
Gänsehals, Egerländer 50
Gänseklein, Egerländer 51
Gugelhupf, Karlsbader 14

Haferflocken-Gemüseauflauf mit Kräutersoße 122
Haferflocken-Spinat-Bratlinge 121
Hafermehl-Pilzkoteletts, Marienbader 121
Heidelbeerauflauf 75
Hochzeitssuppe von 1912 – Spindlermühle 67
Hörnchen, Karlsbader 12
Husarenkrapfen, Gablonzer 60

Kakaotorte nach Görlachs Art 60
Käsegebäck, Heinischs 99
Karlsbader Liwanzen 12

Karpfen in Bierteig mit Kartoffelsalat 67
Kartoffelgulasch, Reichenberger 55
Kirschspeise, Iglauer 116
Kleckselkuchen, Herrnskretschener 45
knedlíky" – Knödel nach Familie Neugebauer 94
Knoblauchsuppe 91
Knödel nach Familie Zepnick 68
Koteletts in Biersoße, Neugebauers 92
Kuttelflecken-Ragout, Gablonzer 62

Mandelbogen, Heinischs 101
Marillenkuchen 108
Mayonnaise, selbst gerührte 104

Nussbuchteln 110
Nusskuchen – Teplitz-Schönau 117

Obstknödel, Neugebauers 92
Ölkuchen, Stangendorfer 108
Osterbrot, Tetschener 115

Pflaumenknödel der Familie Zepnick 69
Pflaumenmus-Buchteln Mohrener Art 73
Pilzeintopf, Kupferberger 20
Pilzfleckerln nach Reichenberger Art 57
Pilzgericht, schnelles Kupferberger 22
Pilzkuchen mit Rinderhack, Marienbader 46
Pilzragout auf Böhmische Art 21
Pilzragout mit Semmelknödeln und Rote-Beete-Gemüse 23

Quarkkuchen, Stangendorfer 111

Räucherforellen-Blätterteig-Pastete, Marienbader 48
Reherlsuppe, Heinischs 98
Reichenberger Ratskellerspezialität 56

Reisauflauf mit Äpfeln 74
Rinderbraten nach Reichenberger Art 55
Rosenkrapfen 61
Rumkuchen, Stangendorfer 111

Sauerkrautsuppe, Mährisch Schönberger 102
Schinkennudelpfanne, Neugebauers 91
Schinkenrolle mit Rauke, Marienbader 46
Schokokuchen mit Birne, Marienbader 50
Schokoladenkuchen, Stangendorfer 109
Schwamme nach Kupferberger Art, gebratene 21
Schwamme-Zwiebel-Leberpfanne, Kupferberger 22
Semmelsuppe, Mutters 63

Topfenknödel, Heinischs 101

Vanille-Bretzchen 61

Weihnachtssalat von Luise Heinisch 100
Weihnachtswürfel nach Reinhold Wagner 116

Leihgeber der Fotos, Ansichtskarten und Dokumente

Edwin Bude, München
Familie P. Berner, Aschersleben
Familie Görlach, Neugablonz
Familie H. und F. Gromek, Karlovy Vary
Familie Karl Heider, Bayreuth
Familie Zepnick, Gotha
Familie Zorn, Saalburg
Margarete Heinisch, München
Herta Morgner, Kaumberg, Österreich
Gernot Purkart, Auma
Margarete Schäfer, Gera
Leopold Wala, Marktleugast

Alte Zeiten in Rezepten, Fotos & Geschichten

128 Seiten, gebunden
ISBN 978-3-8094-2339-3

Kaum etwas weckt die Bilder der Kindheit so sehr wie der Name oder der Duft einer Lieblingsspeise aus der früheren Zeit. Auch in diesem Buch von Harald Saul finden Sie viele kulinarische Schätze des Sudetenlands, umrahmt von Familiengeschichten sowie zahlreichen Postkarten und Fotos, die die Welt von damals zeigen.

Überall erhältlich, wo es Bücher gibt!

Bassermann

www.bassermann-verlag.de